Erster Jahres-Bericht der Communal-Realschule in Eger für das Eröffnungs-Schuljahr 1899-1900. - Primary Source Edition

Gustav Mayer

Erster

Jahres-Bericht

der

Communal-Realschule

in

Eger

für das Eröffnungs-Schuljahr
1899—1900.

Inhalt:

1. **Kaiser Titus** . . . . . . Von Prof. Dr. Gustav Mayer.
2. **Geschichtliches über die Entstehung der Anstalt** } Vom
3. **Schulnachrichten** . . . . } Director.

Eger, 1900.
Selbstverlag der Communal-Realschule.

KAISER TITUS.

Von Professor Dr. Gustav Mayer.

Jugend und erste öffentliche Dienste.

Titus entstammte einer einfachen Gutsbesitzerfamilie im Sabinerlande, war demnach kein eigentlicher Römer.[1]) Flavius Vespasianus,[2]) der nachmalige Kaiser, war sein Vater, seine Mutter die freigelassene Flavia Domitilla. Sein Geburtstag ist bestimmt der 30. December,[3]) ob der des Jahres 41 n. Chr., wie Sueton an einer Stelle mit unzweifelhafter Deutlichkeit behauptet[4]) und die neueren Forscher annehmen,[5]) oder der des Jahres 39, wie die genauen Lebensdaten desselben Sueton und der übrigen Quellen ergeben,[6]) ist nicht mit Gewissheit zu sagen. Doch bin ich eher geneigt, letzteres Jahr für das richtige zu halten, da ich mir leichter einen Irrthum Suetons in Caligulas Todesjahr, als sämmtlicher übriger Quellen, mögen sie auch Sueton benützt haben, bezüglich der genauen Angabe des Lebensalters auf Monat und Tag erklären kann,[7]) zumal dieses Jahr mit anderen

---

[1]) Über die Familie des Vespasian vgl. Sueton (ed. Roth), Vesp., 1 u. 2.

[2]) Eckhel, Doctrina nummorum, VI, 341, behauptet, dass der Vorname Titus für Vespasian nicht recht nachzuweisen sei.

[3]) Suet., Titus. 2: natus est III. Kal. Jan. — Orelli, 1104; eine Tafel mit den natales Cæsarum, die dasselbe Datum aufweist.

[4]) Ebenda: insigni anno Gaiana nece.

[5]) So Clinton, FR., I, ad ann. 41. — Cohen, I. 428. — Duruy-Herzberg, Geschichte des röm. Kaiserreichs, II, 129[1]. — Schiller, Geschichte des röm. Kaiserreichs, $I._2$, 318. — Marquardt, Römische Staatsverwaltung, III, 564.

[6]) Suet., Tit., 11, übereinstimmend mit Dio Cassius (ed. Dindorf), Epit., LXVI, 26_4, Zonaras (ed. Dindorf), Epit., XI, 18, der hier nur Dio Wort für Wort wiedergibt, und Eutrop (ed. Rühl), breviarium, VII, $22_{,1}$ setzen seinen Tod in sein 42. Lebensjahr, und auch die Epitome, die unter dem Namen des Aurelius Victor bekannt sind (ed. Tauchniz) geben ihm etwas ungenauer 41 Lebensjahre ($10_{,15}$). Am genauesten ist wohl Dio, der ihm (LXVI, $18_{,4}$) bei seinem Regierungsantritt ein Alter von 39 Jahren 5 Monaten und 25 Tagen gibt (δύο τε γάρ ἔτη μετὰ τοῦτο καὶ μῆνας δύο ἡμέρας τε εἴκοσιν ἔζησεν ἐπ' [d. h. „über", „das Vorhergehende ist zum Folgenden dazuzurechnen"] ἐννέα καὶ τριάκοντα ἔτεσιν καὶ μησὶ πέντε καὶ ἡμέραις πέντε καὶ εἴκοσι), was nur auf den 30. Dec. 39 zurückführt. Zonaras (a. a. O.) gibt auch diese Stelle des Dio genau wieder.

[7]) Ich glaube nicht, dass die anderen Quellen diese sich förmlich aufdrängende Gegenüberstellung des Todesjahres eines Caligula mit der Geburt des „Lieblings der Menschheit" sich hätten entgehen lassen. Sueton dürfte, von dem Todesjahr des Titus zurückrechnend, sich in dem Todesjahre Caligulas geirrt haben; denn es ist doch eher anzunehmen, dass er sich in der allgemeinen Angabe (Gaiana nece) irrt, als dass er, wäre das Jahr 41 das wirkliche Geburtsjahr, nicht seine auf das Jahr 39 zurückführenden Zahlenangaben (cap. 11) geändert hätte. Die Quellen, die Sueton sonst folgen, haben den Irrthum desselben stillschweigend richtig gestellt und die Angabe des Todesjahres des Caligula weggelassen.

Stellen des Sueton in Einklang zu bringen ist.[1]) Sein Geburtshaus, ein elendes, unscheinbares Gebäude in der Nähe des Septizonium, zeigte man noch im 2. Jahrzehnt des nächsten Jahrhunderts.[2]) Nach einem damals häufigen Gebrauche[3]) erhielt er als der älteste Sohn den Beinamen des Vaters,[4]) während der jüngere nach der Mutter genannt wurde. Doch ist er in der Geschichte nur unter seinem Vornamen bekannt.[5])

Wie sein Vater zu der großen Ehre kam, dass Titus zugleich mit dem jungen Britannicus am kaiserlichen Hofe erzogen ward,[6]) ist nicht überliefert. Es ist nicht unwahrscheinlich, dass dieser als Geisel für seines Vaters Treue solcher Auszeichnung theilhaftig wurde.[7]) Möglicherweise kann ihm auch die Freundschaft des Narciss[8]) hiezu verholfen haben. So wuchs er denn hier am Hofe auf, in denselben Gegenständen und von denselben Lehrern unterrichtet wie der kaiserliche Prinz. Innige Freundschaft verknüpfte die beiden Knaben. So soll der jugendliche Titus auch den Gifttrank, durch welchen Nero den Britannicus aus dem Leben schaffte, gekostet und sich hiedurch eine schwere Erkrankung zugezogen haben.[9]) In dankbarer Erinnerung an diesen Freund, vielleicht auch an eine von Narciss angeregte Prophezeiung eines Stirnschauers, die nicht dem kaiserlichen Prinzen, wohl aber dem jungen Titus die zukünftige Herrschaft ankündigte,[10]) errichtete er ihm, als Vespasian Kaiser geworden, ein goldenes Standbild im kaiserlichen Palaste und ordnete an, dass eine elfenbeinerne Reiterstatue desselben bei den feierlichen Aufzügen im Circus herumgetragen wurde, was noch im nächsten Jahrhunderte geschah.[11]) Unter der gewiss sorgfältigen Erziehung am Hofe entwickelten sich die glänzenden Körper- und Geistesgaben des Jünglings aufs schönste. Gleich vorzüglich in den Künsten des

---

[1]) Im Jahre 39 war Vespasian prætor. Das geht hervor aus Suet., Vesp., 2: prætor...... ludos extraordinarios pro victoria eius (Gai) Germanica depoposcit. Das folgende „inter haec Flaviam Domitillam duxit uxorem“ (cap. 3.) kann sich nach meiner Meinung nur auf dieses Jahr seiner Prätur beziehen. Fand die Vermählung in den ersten Monaten des Jahres statt, so kann Titus ganz gut am 30. December des Jahres 39 geboren sein. — Auch Tillemont (histoire des empereurs) kommt in den Notes sur l'empereur Tite (II, 800) in einem nicht besonders klaren Excurse zu diesem Jahre, während er im eigentlichen Texte (II, 73) den 30. December 40 als Geburtstag bezeichnet.

[2]) Suet., Tit., 1: nam manet adhuc et ostenditur. — Roth beweist in seiner Ausgabe des Sueton (præf., IX), dass die de vita Cæsarum libri im Jahre 120 ediert wurden. — Was für ein Septizonium dies gewesen sein soll, wissen wir nicht; wir kennen nur ein solches des Septimius Severus (vgl. Becker, Handbuch der röm. Alterthümer, I, 518 u. Fuchs, Geschichte des Sept. Severus, 113).

[3]) Vgl. Merivale, Geschichte der Römer unter dem Kaiserthume (Übersetzung, Leipzig. 4 Bde. 1866–72), IV, 79. So war auch Vespasian selbst nach seiner Mutter Vespasia Polla, sein älterer Bruder Sabinus nach dem Vater genannt worden.

[4]) Suet., Tit., 1: cognomine paterno.

[5]) Plinius, naturalis historia (ed. Jan), præf., spricht ihn in der Dedication des Werkes mit „Vespasiano suo“ an, desgleichen nennt er ihn noch mehrmals mit diesem Namen, wenn er ihn zugleich mit seinem Vater aufführt. z. B. N.H., II, 57, VII, 162, oder XII, 111.

[6]) Suet., Tit., 2.

[7]) Dieser Ansicht ist Steinwenter in seiner Abhandlung über Titus im Jahresbericht des k. k. I. Staatsgymnasiums in Graz, 1876, S. 5.

[8]) Suet., Vesp., 4: Narcissi gratia; Narcissi amici.

[9]) Suet., Tit., 2. — Tacitus erzählt hievon in seiner ziemlich eingehenden Darstellung des Todes des Britannicus (Ann., XIII, 16) merkwürdigerweise nichts, auch die übrigen Quellen schweigen hierüber. Vielleicht war Sueton als kaiserlicher Secretär (vgl. Hirschfeld, Verwaltungsgeschichte. I, 204) darüber besser unterrichtet. — Clinton, FR., I, ad ann. 55 setzt den Tod des Britannicus vor dessen 14. Geburtstag, nämlich vor den 13. Februar 55.

[10]) Suet., Tit., 2: quorum omnium mox memor.

[11]) Ebenda: hodieque præfertur.

Krieges und Friedens, war er ein Meister des Waffenhandwerkes[1]) und der Reitkunst. Seine hohen geistigen Vorzüge, insbesondere seine Rednergabe lobt ein Gelehrter wie der ältere Plinius.[2]) Er declamierte in lateinischer und griechischer Sprache gleich vortrefflich und zeigte sogar ein poetisches Talent, das ihn befähigte, Gedichte zu improvisieren.[3]) Auch der Musik war er nicht abhold, er sang und spielte Zither gut und mit Verständnis. In der Schreibkunst, besonders im Schnellschreiben, war er so gut ausgebildet, dass er Schriftzüge, die er nur einmal gesehen hatte, täuschend ähnlich nachmachen konnte, und er sagte selbst oft, er hätte der größte Fälscher werden können. Was seine äußere Erscheinung anlangt, so schildert ihn uns Sueton als einen Mann von mittlerer Größe, kraftvoller imponierender Gestalt mit etwas hervortretendem Unterleib.[4]) Seine Statuen zeigen einnehmende, etwas sinnliche Züge.[5])

Nach der Ermordung seines Freundes lebte Titus vielleicht bei seinem Vater, der sich nach seinem zweimonatlichen Consulat im Jahre 51 zurückgezogen hatte.[6]) Etwa um die Zeit, da Vespasian wieder in das öffentliche Leben eintrat, indem er als Proconsul die Verwaltung der Provinz Afrika übernahm, begann auch Titus seine amtliche Laufbahn mit jenem Amte, welches für den jungen Römer, der sich für den öffentlichen Dienst ausbilden wollte, von jeher die eigentliche Vorschule war, mit dem Militärtribunate, u. zw. frühestens mit dem Jahre 57.[7]) Er diente in Germanien, dann in Britannien und erwarb sich den Ruf eines rührigen, dabei aber bescheidenen Mannes, der sich bei seinen Soldaten allgemeiner Beliebtheit erfreute, wie dies viele Statuen und Bilder desselben in beiden Provinzen bezeugt haben sollen.[8])

Nach Beendigung des Tribunates kam er wieder nach Rom, um in den inneren Staatsdienst einzutreten. Damals vermählte er sich mit der Tochter eines römischen Ritters, der unter Caligula Gardepräfect (praefectus praetorio) gewesen war,[9]) Arrecina Tertulla. Als sie jedoch nach kurzer Ehe starb,

---

1) Für dies wie das Folgende Suet., Tit., 3. — So trat er einmal im Jahre 75 bei einem in Reate, der Heimat seines Vaters, gefeierten Feste in einem Scheinkampfe gegen einen Allienus (vielleicht A. Caecina Allienus, der 69 Consul war) in Gladiatorenrüstung auf. Dio, LXVI, $15_{,2}$. — Vgl. auch Friedländer, Darstellungen aus d. Sittengeschichte Roms, 5. Aufl., II, 331.

2) N. H., praef., 5.

3) So verfasste er im Jahre 76 ein Gedicht auf einen Kometen, wie Plin., N. H., II, 89 berichtet, der ihn deshalb auch in dem Inhaltsverzeichnisse (lib. I.) unter den autores für das zweite Buch anführt. — Eutrop, VII, $21_{,1}$: causas latine egit, poëmata et tragoedias Graece composuit.

4) Bisher immer nach Suet., Tit., 3.

5) Vgl. die Abbildungen solcher bei Duruy-Herzberg, a. a. O., S. 40, 88, 130, 133.

6) Er war in den letzten 2 Monaten des Jahres 51 consul suffectus, also bald nach Geburt seines zweiten Sohnes Domitian. Suet., Domit., 1 u. 13; Dio, LXVII, $4_{,4}$; Clinton, FR., I, ad ann. — Suet., Vesp., 4: medium tempus ad proconsulatum usque in otio secessuque egit. — Die Übernahme der Provinz Afrika („exim sortitus Africam" ebenda) werden wir demnach frühestens 56 ansetzen dürfen, da wir vom Consulat bis zur Übernahme der consularischen Provinz mindestens ein Intervall von 5 Jahren annehmen müssen. Doch dürfte dieses Intervall bei der stetigen Ausdehnung, die es im Laufe der Zeit erfuhr, zu kurz gegriffen sein. — Vgl. Mommsen, Römisches Staatsrecht, 2. Aufl., II., 1. Abth., 240 ff.

7) Nach den von Augustus bestimmten Altersgrenzen wurde für das Legionstribunat das laufende 18. Lebensjahr erfordert (StR., I, 553), also ist für Titus, das von mir angenommene Jahr 39 als das seiner Geburt vorausgesetzt, 57 der früheste Termin, so dass sich demnach sein Tribunat und seines Vaters Statthalterschaft (nach der vorhergehenden Anmerkung) so ziemlich decken dürften.

8) Suet., Tit., 4. — Auffallend ist, dass ihn Tacitus weder in seiner Germania noch im Agricola nennt.

9) Vgl. Hirschfeld, VG., I, 220, Nr. 7. — Sein Sohn bekleidete dieselbe Stellung unter Vespasian, bis Titus sie übernahm.

nahm er die Tochter einer sehr vornehmen Familie namens Marica Furnilla zur Frau, von der er sich aber bald nach Geburt einer Tochter (Julia) trennte.[1])

Wohl im Jahre 66 war Titus Quästor.[2]) Im folgenden Jahre übernahm sein Vater, der sich schon in Germanien und Gallien so tüchtig bewährt hatte,[3]) nach der unglücklichen Kriegführung des Cestius Gallus den Oberbefehl über das in Syrien stehende Heer.[4]) Obgleich sich Vespasian, der bei Neros Reisen in Achaia unter dessen Begleitern war, seines Kaisers Ungnade zugezogen hatte, fand ihn dieser doch allein solcher Aufgabe gewachsen und überraschte ihn, der sich aus Furcht vor des Kaisers Zorn aus dessen Umgebung zurückgezogen hatte, mit seiner Ernennung zum kaiserlichen Legaten für Palästina.[5]) Vespasian kannte die militärische Tüchtigkeit seines Sohnes und beschloss, ihn als seinen „trefflichsten Gehilfen“[6]) mitzunehmen. So wurde Titus Legionslegat seines Vaters.[7])

Titus als Legionslegat seines Vaters im jüdischen Krieg (67—69).

Wahrscheinlich trafen Vater und Sohn noch in Achaia zusammen, um über die Reise nach dem Lande ihrer Bestimmung zu berathen. Titus setzte rascher, als die Winterszeit erwarten ließ, nach Alexandreia am issischen Meerbusen[8]) über und übernahm zwei Legionen, die 5. Macedonica, eine der im parthischen Kriege verwendeten, und die 10. Fretensis, die schon früher in Syrien in Verwendung und nunmehr, da sie unter Cestius am wenigsten gelitten hatte, für den jüdischen Krieg bestimmt war. Gleichzeitig reiste Vespasian auf dem Landwege[9]) nach Syrien und übernahm in Antiochia daselbst die 15. Apollinaris, die gleichfalls aus dem parthischen Kriege zurückgekehrt war. Im Frühjahre 67 trafen beide mit ihren Truppen in Ptolemais (Akko, heute Akka) [10]) zusammen. Da zu den genannten 3 Legionen und ihren Auxilien noch die bisherige Besatzung von Palästina und die Hilfskräfte von vier Clientelkönigen kamen, so verfügte Vespasian etwa über eine Streitmacht von 50000 Mann.[11]) Sein Plan gieng dahin, Galiläa von Samaria und Judäa zu isolieren und zuerst zu bezwingen,

---

[1]) Suet., Tit., 4.

[2]) Gesetzmäßig konnte er dieses Amt im 25. Lebensjahre antreten (StR., I, 554 f.), also nach unserer Rechnung mit dem Jahre 64. Nach Suetons Worten aber (Tit., 4: ex quaesturae deinde honore legioni praepositus) wurde er unmittelbar nach seinem Quästurjahre Legionslegat seines Vaters, d. i. im Jahre 67.

[3]) Josephus Flavius (ed. Becker), de bello Iudaico, III, 1_2.

[4]) Nach Clinton, FR., I, ad ann. 66 geschah die Übergabe des Commandos noch im Jahre 66. — Wahrscheinlich wurde Vespasian im Winter von 66 auf 67 ernannt.

[5]) Suet., Vesp., 4.

[6]) Unter den „egregii ministri“ des Tacitus (ed. Halm), Histor., V, 10 ist wohl in erster Linie Titus zu verstehen.

[7]) Suet., Vesp., 4: inter legatos maiore filio assumpto.

[8]) Das heutige Alexandrette; dass es nicht das ägyptische Alexandreia sein könne, wies Mommsen, Röm. Geschichte, V, 533^1 nach. — Siehe ebenda auch über die Legionen.

[9]) Dies that er, um die vom Partherkriege zurückkehrende Legion auf dem Marsche zu treffen. Mommsen, ebenda.

[10]) Vgl. zur Geographie des Landes Kieperts Atlas antiquus. — Betreffs der heutigen Bezeichnung der Ortschaften thut die vorzügliche Karte von Palästina in Andree's Handatlas, 3. Aufl., gute Dienste. — Auch dem 5. Bande Mommsens R. G. sind Karten beigebunden, von denen Nr. IX zu vergleichen ist.

[11]) Jos., bell., III, 2—4. — Josephus nennt (III, 4_2) 60000 Mann zu Fuß und zu Ross (ohne Tross), und im Gegensatze zu den von ihm mitgetheilten Einwohnerzahlen der einzelnen Orte erscheint diese Zahl nicht übertrieben, aber sie ergab sich durch Berechnung der höchst möglichen Normalstärke der Legionen. Mommsen nimmt daher kaum 50000 Mann an. Vgl. dessen R. G., V, 534^1.

bevor er sich gegen Jerusalem selbst wandte. Das warnende Schicksal des Cestius, der einen raschen Schlag gegen Jerusalem beabsichtigt hatte, veranlasste ihn zu dieser Taktik. So verwendete Vespasian das ganze Jahr 67 dazu, die Festungen von Galiläa und die Küste bis Askalon zu unterwerfen. Der Widerstand in einzelnen Ortschaften war, angefacht von einer kleinen Anzahl fanatischer Juden, ein äußerst heftiger und die Kriegführung der Römer infolgedessen ziemlich langsam.[1]) Vor Jotapata (hebräisch Jephtael, heute Dschefâl), einem kleinen galiläischen Städtchen, lagerten die drei Legionen allein 45 Tage. Während Vespasian mit der Belagerung dieses Platzes selbst beschäftigt war, ordnete er den Commandanten der 10. Legion Trajan, den Vater des nachmaligen gleichnamigen Kaisers, mit einer Truppenabtheilung zur Bezwingung von Japha (heute Jâfâ),[2]) einer kleinen südlich von Jotapata gelegenen festen Ortschaft, ab. Aber Trajan scheint doch mit seinen Truppenkräften nicht recht ausgereicht zu haben, denn er ließ Vespasian ersuchen, Titus zur Vollendung des Sieges abzusenden. So schickte denn Vespasian seinen Sohn mit einem Hilfscorps in der halben Stärke von Trajans Abtheilung ab. Gemeinsam erstürmten sie nun das Städtchen im Juni 67.[3]) Dann kehrten sie wieder zu Vespasian vor Jotapata zurück. Bei der Erstürmung dieses Platzes soll sich der junge Legat durch besondere Kühnheit ausgezeichnet haben, indem er mit wenigen Leuten der 5. und 10. Legion als erster die Mauern erstieg. (Juli 67.) Mit vielen anderen Gefangenen fiel damals auch der Geschichtschreiber dieses Krieges, Josephus, in die Hände der Römer. Titus verwendete sich bei seinem Vater für ihn, und auf seine Fürbitte blieb ihm das Leben erhalten,[4]) wofür ihm Josephus auch Zeit seines Lebens dankbar war. Leider ist diese Dankbarkeit manchmal von schlechtem Einflusse gewesen auf die Einhaltung der historischen Wahrheit in seiner für uns so wichtigen, weil nahezu einzigen Darstellung dieses

---

[1]) Josephus, bell., III, 6. Vgl. auch, wie zu allem Folgenden Mommsen, R. G., V, 534 ff.

[2]) Zu unterscheiden von dem gleichnamigen heutigen Jâfâ, das an der Stelle des alten Joppe sich erhebt. — Josephus nennt es an dieser Stelle (bell., III, $7_{,31}$) πόλις, während er es in der vita, 37 wie Jotapata unter den κῶμαι anführt.

[3]) Nach Josephus (bell., III, $7_{,31}$) hatte Trajan bereits die Hauptarbeit gethan und wollte nur die Erstürmung dem Feldherrn oder dessen Sohne aufsparen. Joh. Dierauer (in Büdingers „Untersuchungen zur römischen Kaisergeschichte“ I, 42) sieht in dieser Darstellung eine absichtliche Entstellung des Sachverhaltes zu Gunsten des Titus und ist der Ansicht, dass Trajan Hilfe überhaupt, nicht aber den persönlichen Antheil des Titus forderte. Sofern dies nur aus der Stärke des Hilfscorps, das Vespasian seinem Sohne mitgab (500 Reiter, 1000 Infanteristen) allein erhellen soll, kann ich mich dieser Meinung nicht anschließen. Wenn auch wirklich Titus abgeschickt worden wäre, nur um die Ehre des Einzuges in eine nicht einmal von ihm eigentlich bezwungene Festung zu haben, wie Josephus meint, so konnte er doch nicht allein oder mit einer ganz geringen Truppenanzahl abgehen. Eine Entstellung zu Gunsten des Titus möchte ich aber doch die Darstellung bei Josephus nicht nennen. Titus erscheint ja in viel größerer Glorie, wenn er durch sein Feldherrntalent die Einnahme von Japha, die dem Legionscommandanten Trajan nicht gelungen war, in kürzester Zeit (ταχέως) durch sein Einschreiten vollendet, als wenn er nur kommt, um die Lorbeern, die doch eigentlich einem anderen gebühren würden, sich anzueignen. Wenn ich dennoch mit Dierauer annehme, dass des Josephus Bericht nicht ganz der Wahrheit entspricht, so veranlasst mich hiezu nur die innere Unwahrscheinlichkeit, die in dem von Jos. geschilderten Benehmen Trajans liegen würde. Welche Ursache hätte denn letzterer gehabt, sich die Ehre entgehen zu lassen, als alleiniger Eroberer in Japha einzuziehen, da er doch von Vespasian zu diesem Zwecke abgeordnet worden war? An eine besondere Rücksichtnahme auf Vespasian oder seinen Sohn kann man auch nicht glauben, da an die zukünftige Würde dieser beiden damals noch niemand dachte. — Josephus übertreibt an dieser Stelle, wie auch sonst, mit der Zahl der Getödteten ziemlich stark. Die Zahl von 15000 Todten für diese kleine Feste ist gewiss viel zu groß. — Dass der 25. Daisios in den Juni falle, darüber vgl. Clinton, FH., III, 347 ff.: „Über die macedonischen Monate“.

[4]) Siehe bis hieher Jos., bell., III, $7_{,34}$—$8_{,8}$.

Krieges, abgesehen davon, dass auch die Censur des Titus, der mit eigener Hand den Befehl zur Veröffentlichung des Werkes schrieb,[1]) manches noch geändert haben mag.[2]) Auch bei der Unterredung, die Josephus mit Vespasian begehrt hatte, als ihn dieser in Gewahrsam nahm, soll Titus zugegen gewesen sein. Da soll jene Prophezeiung erfolgt sein, dass nach kurzen Nachfolgen des Nero Vespasian und sein Sohn die Kaiserwürde erhalten würde.[3]) Der schlaue Jude hatte sich nicht verrechnet: Vespasian, dem schon verschiedene Vorzeichen früher die zukünftige Herrschaft angekündigt haben sollen,[4]) gewann allmählich Zutrauen zu Josephus. Er hielt ihn zwar als Kriegsgefangenen in Ketten wie zuvor, allein er ließ ihm doch eine wohlwollende Pflege angedeihen, eine Auszeichnung, die Josephus selbst vorzüglich dem Titus zuschreibt.[5]) Dass diese Handlungsweise einzig der Humanität des Titus zuzuschreiben sei, ist kaum anzunehmen. Es waren vielmehr praktische Gründe, die zur Erhaltung und guten Behandlung des gefangenen jüdischen Gelehrten riethen. Titus musste sofort darüber im klaren sein, wie brauchbar der kriegsgefangene Jude für den weiteren Verlauf des Feldzuges noch werden konnte, der schon früher von seinen Landsleuten römischer Gesinnung verdächtigt worden war[6]) und sich eigentlich mehr freiwillig in die Gewalt der Römer begeben hatte.[7]) Und in der That hat auch Josephus noch oftmals der römischen Sache in diesem Kriege gute Dienste geleistet.

Nach der Einnahme von Jotapata begleitete Titus seinen Vater längs der Küste über Ptolemais nach Cäsarea am Meer (Palaestinae, heute Kaisarîe), wo man sie freundlich aufnahm. Dies mag wohl auch Vespasian bestimmt haben, gerade diese Stadt zum Winterquartier für 2 Legionen zu bestimmen; die 3. sollte im Innern des Landes in Skythopolis (hebr. Bethsean, heute Bêsân)[8]) überwintern. Vorderhand ließ er die 5. und 10. in Cäsarea liegen und schickte die 15. ins Innere.[9]) Nachdem auch noch das weiter südlich gelegene Joppe (hebr. Japho, heute Jâfâ), obwohl eben von vertriebenen Juden befestigt, ohne Schwertstreich eingenommen war, begab sich Vespasian mit seinem Sohne über Einladung des Königs Agrippa zu diesem nach Cäsarea Philippi (oder Paneas, heute Bâniâs).[10]) Hier mag Titus die schöne Berenice kennen gelernt haben.[11]) Hier mag ihn die Leidenschaft für die

---

[1]) Jos., vita, 65.

[2]) Bernays sagt in seinen „Gesammten Abhandlungen", II, 161: „Der aufmerksame Leser dieses Buches findet bei aller Zuverlässigkeit desselben im großen und ganzen sich doch oft daran erinnert, dass es die Censur des Titus passiert hat."

[3]) Jos., bell., III, 8_9. — Suet., Vesp., 5. — Er scheint hier irgend eine andere auf Christus bezügliche Weissagung benützt zu haben; auch Zonaras, XI, 16 ist dieser Ansicht. Übrigens wird im Talmud babyl. (Gittin 56 b) ein Rabbi Jochanan ben Sokkai als derjenige bezeichnet, der dem Vesp. diese Prophezeiung gab. — Siehe Dr. Ad. Weiss „Die Römischen Kaiser in ihrem Verhältnis zu Juden und Christen, I. Theil" im Jahresberichte über das k. k. akad. Gymnasium in Wien. 1881/2, Seite 16 und „Schluss" im Jahresberichte detto, 1882/3, Seite 4.

[4]) Siehe Tac., Hist., II, 78 und Suet., Vesp., 5.

[5]) bell., III, 8_9. — Titus ließ ihm auch, nachdem sich die Prophezeiung erfüllt hatte, die Ketten abnehmen (Jos., bell., IV, 10_7).

[6]) Vgl. Jos., bell., II, 21, besonders § 3.

[7]) Vgl. die Geschichte seiner Gefangennehmung, bell., III, 8.

[8]) An der Südgrenze von Galiläa.

[9]) Thatsächlich lag den Winter 67/8 über die 10. Legion in Skythopolis und die beiden anderen in Cäsarea. Siehe Seite 11.

[10]) Jos., bell., III, 9_{1-4}. Die Stadt liegt an einem der linken Zuflüsse des oberen Jordans.

[11]) Dies ist die Meinung Merivales a. a. O., IV, 147.

um eine ziemliche Anzahl von Jahren ältere Orientalin[1]) ergriffen haben, der die nationalen Anschauungen der Römer später so hemmend in den Weg traten. Wohl bald mussten sie sich damals wieder trennen, denn Titus wurde auf die Nachricht hin, dass in Tiberias (heute Tabarîe) Unruhe herrschte und Tarichea (heute Chan Minie)[2]) abgefallen sei, von seinem Vater nach Cäsarea am Meer zurückgesandt, um das dort liegende Heer[3]) nach Skythopolis zu bringen. In dieser Stadt trafen Vater und Sohn wieder zusammen und wandten sich nun gemeinsam gegen Norden. Tiberias öffnete die Thore,[4]) die Eroberung des aufständischen Tarichea hingegen überließ Vespasian der Geschicklichkeit seines Sohnes. Dieser zog mit einer 600 Mann starken Reiterabtheilung gegen die Juden, die vor der Stadt in großer Stärke den Gegner erwarteten. Als er aber erkannte, dass er einer Überzahl von Feinden gegenüberstehe, erbat er sich von seinem Vater, der zwischen Tiberias und Tarichea hielt, eine Verstärkung. Da wurde Trajan mit 400 Reitern abgeordnet und außerdem 2000 Bogenschützen unter dem Commando eines Antonius Silo zu dem Zwecke nachgeschickt, um von einer der Stadt gegenüberliegenden Anhöhe aus die Feinde zu bestreichen. So gelang das Werk.[5]) Titus entfaltete seine Truppen der Schlachtreihe des Gegners entlang in einer Linie, und unter lautem Kriegsgeschrei seiner Soldaten stürmte er an ihrer Spitze gegen die Juden, die die Wucht des Anpralles nicht aushielten und zurückwichen. Eine ziemliche Menge derselben fiel, aber der Mehrzahl gelang es doch in die Stadt zu entkommen. Als aber da innerhalb der Mauern ein Streit zwischen zwei Parteien entstand, von denen eine für, die andere gegen den Krieg gewesen war, benützte Titus diesen Augenblick zu einer entscheidenden That. Da die Stadt gegen den See zu offenbar nicht befestigt war, sprengte er mit seinen Reitern durch die Fluten des Sees in die Stadt ein, die überraschte Bevölkerung wurde überwältigt, die Rädelsführer hingerichtet. Um den Sieg vollständig zu machen, verfolgte Titus alle, die auf den See geflüchtet waren, und ließ sie alle niedermachen. Die Menge der gefallenen Juden wird eine ziemlich bedeutende gewesen sein. Von den Gefangenen wurden die jüngsten und kräftigsten ausgesucht, um sie dem Kaiser Nero für seine Arbeiten an den Isthmus[6]) zu schicken, die übrigen verkauft.[7]) Der junge Legionslegat hatte hiemit einen sehr Achtung

---

[1]) Eine Enkelin des großen Herodes, war sie schon in früher Jugend mit einem Oheim namens Herodes vermählt, der König von Chalkis war, und dem Claudius im Jahre 44 die Ernennung des Hohepriesters und die Verwaltung des Tempelschatzes übertragen hatte. Dieser erste Gatte starb aber schon im Jahre 48 mit Hinterlassung von zwei Kindern, Berenikianos und Hyrkanos. (Jos., bell., II, $11_{5,6}$; Antiquitates Judaicae XX, $5_{,2}$; vgl. auch Mommsen, R. G., V, 525 und Marquardt, Römische Staatsverwaltung, I, 2. Aufl., 401). Längere Zeit blieb sie nun Witwe. Als aber das Gerücht entstand, sie lebe in unsittlicher Gemeinschaft mit ihrem Bruder Agrippa, veranlasste sie den König Polemo II. von Olbe (Cilicien; siehe hierüber Dio, LX, 8 und Marquardt, St. V., I, 386), zum Judenthume überzutreten und sie zu heiraten. Der Ehebund war aber nicht von langer Dauer, denn Berenice verließ ihren Gemahl wegen seines ausschweifenden Lebens (Jos., Ant., XX, $7_{,3}$).

[2]) Die Städte, beide am Westufer des Genezarethsees, gehörten zum Gebiete Agrippas.

[3]) Vgl. vorige Seite.

[4]) Jos., bell., III, $9_{,7,8}$.

[5]) In der Darstellung des Josephus (III, $10_{,3}$), wonach die Römer, durch eine Anrede des Titus — mit Reden ist Josephus freigebig genug — begeistert, den Hilfe bringenden Trajan nur ungern ankommen sehen, da er ihnen die Ehre des Sieges schmälern würde, wird man mit Recht, wie Dierauer a. a. O., 5², eine Übertreibung erblicken.

[6]) Vgl. Dio, LXIII, 16 und Plin., NH., IV, 5.

[7]) Die Geschichte dieser Einnahme bei Jos., bell., III, 10_{1-10}: die Zahlen sind natürlich wieder stark übertrieben; er zählt 6500 Todte, 1200 Greise und Schwache, die hingerichtet wurden, 6000 für Nero und 30 400 (!) zum Verkaufe bestimmte Gefangene, mit Ausnahme derjenigen, die man dem Agrippa überließ, also eine Gesammtzahl von über 44 000 Todten und Gefangenen!

gebietenden Beweis eines schönen Feldherrntalentes geliefert. Ranke nennt diesen Sieg „eine der größten Handlungen des Titus“.[1]) Und in der That muss diese Waffenthat für den ganzen Krieg von mehr als nebensächlicher Bedeutung gewesen sein, denn Vespasian, der über das strategische Talent und die persönliche Tapferkeit seines Sohnes hocherfreut war, sah hierin schon den Anfang vom Ende des Krieges.[2]) Auch formell kommt die Bedeutung dieses Erfolges darin zum Ausdrucke, dass Vespasian und Titus zur Erinnerung an diesen „Seesieg“ Münzen prägen ließen.[3]) Das war nun etwa im September 67[4]) geschehen.

Nachdem sich so Titus die ersten Lorbeeren dieses Feldzuges gebrochen hatte, ward er mit einer Botschaft an C. Licinius Mucianus, den Statthalter von Syrien abgesandt,[5]) während Vespasian selbst mit der Belagerung von Gamala[6]) beschäftigt war, dessen Einnahme ihm erst nach vielen Verlusten im October gelang[7]) und erst, als auch sein Sohn wieder zum Heere zurückgekehrt war. Vespasians Kriegführung scheint nicht übermäßig rasch gewesen zu sein. Titus aber überrumpelte mit einer ausgesuchten Cavallerie-Abtheilung die Feste in aller Stille. Ihm nach führte Vespasian das ganze Heer. Bis auf den letzten Mann fiel angeblich die Besatzung theils durch die Faust der Römer, theils durch eigene Hand.[8]) Solche Härte darf uns bei den Römern nicht wundernehmen. Schon bei der Einnahme von Tarichea sahen wir, mit welcher Unnachsichtlichkeit auch Titus vorgieng. Es war eben ein Vernichtungskrieg gegen eine Nation, die, abgesehen davon, dass sie zuerst das Völkerrecht gebrochen hatte, den Römern aufs äußerste verhasst war und gegen die ihnen keine Maßregel zu hart schien.[9])

Ein einziges Städtchen nur im nördlichen Galiläa war jetzt noch unbezwungen, nämlich Giskala (heute El Dschisch).[10]) Die Bewohner des Städtchens selbst wären friedlicherer Gesinnung gewesen und hätten den Römern keinen Widerstand geleistet, allein sie wurden wie die Bewohnerschaft der meisten Orte von einer Schaar fanatischer Juden unter der Führung des Johannes, des Sohnes des Levi, terrorisiert und zum Kampfe aufgehetzt. Wie schon Tarichea, so überließ Vespasian auch diesen Platz zur Bezwingung seinem Sohne, dem er 1000 Reiter gab, während er die 10. Legion in die Quartiere nach Skythopolis sandte und sich selbst mit

---

[1]) Weltgeschichte, III_1, 210.

[2]) Josephus sagt (bell., III, $10_{,6}$): μεγίστη γάρ ἐδόκει καθῃρῆσθαι μοῖρα τοῦ πολέμου.

[3]) Nach Eckhels Meinung (VI, 330) beziehen sich nämlich auf diesen Sieg Münzen des Vesp. und Tit., deren Reversseite eine „Victoria navalis“ darstellt, die, einen Lorbeerkranz in der Rechten und einen Palmzweig in der Linken, auf einen Schiffsschnabel steigt, sowie andere mit der Umschrift „Judæa capta“, auf denen ein Soldat den rechten Fuß auf einen Schiffsschnabel setzt. Die betreffenden Münzen des Titus, die wie alle auf den Judenkrieg bezüglichen erst aus späterer Zeit stammen, sind bei Eckhel, VI, 354 und Cohen, I, 460, Nr. 386 ff. zu finden. — Zur Erinnerung an dasselbe Ereignis vielleicht wurden bei dem Triumphe in Rom einige Schiffe mitgeführt; vgl. Jos. bell., VII, $5_{,5}$.

[4]) Jos., bell., III, $10_{,10}$: Γορπιαίου μηνὸς ὀγδοῇ. — Der macedonische Monat Gorpiaios entspricht dem hebräischen Elul und fällt in die oben bezeichnete Zeit. Clinton, FH., III, 349.

[5]) Jos., bell., IV, $1_{,5}$.

[6]) Gamala lag am Ostufer des Genezarethsees nördlich von dem heutigen Kefr Hárib.

[7]) Jos., bell., IV, $1_{,9}$: am 23. Hyperberetaios (hebr. Sisri oder Ethenim); der Abfall wird von Josephus (IV, $1_{,10}$) gerade einen Monat früher (24. Gorpiaios) gesetzt.

[8]) Ebenda IV, $1_{,10}$.

[9]) Jos., bell., III. $10_{,10}$: μηδὲν κατὰ Ἰουδαίων ἀσεβὲς εἶναι λέγοντες. Im übrigen muss aber bemerkt werden, dass Josephus immer geneigt ist, die Leiden der Juden zu vergrößern.

[10]) Nördl. von den bisher genannten Orten, südwestlich vom Samachonitis-See.

den beiden andern wieder nach Cäsarea am Meere begab. Titus ließ die Bewohner zur Übergabe auffordern, und diese öffneten die Thore, nachdem Johannes mit seinem Anhange entflohen war. Titus ließ ihn durch eine Reiterabteilung verfolgen, die eine große Zahl der Flüchtlinge niedermachte. Johannes selbst aber entkam nach Jerusalem.[1]) Somit war das, was Vespasian als die erste Nothwendigkeit erkannt hatte,[2]) glücklich erreicht, Galiläa war unterworfen. Nunmehr zog auch Titus wieder zu seinem Vater zurück nach Cäsarea.

In Jerusalem lagen unterdessen zwei Parteien der Bevölkerung in heftigstem Kampfe mit einander, die gemäßigte Partei der guten Patrioten mit den „noch besseren Patrioten", Zeloten, d. i. Eiferer, genannt, die zumeist aus zusammengelaufenen Flüchtlingen sich recrutierten und theils aus national-religiösem Fanatismus, theils aus purer Gesindellust die ruhigeren Bürger einschüchterten und eine Schreckensherrschaft begannen, deren ärgster Vertreter jener aus Giskala entkommene Johannes war. Als der Bürgerschaft diese Tyrannei zu arg wurde, rief sie den Legaten des römischen Kaisers zuhilte.[3]) Vespasian war zur Hilfe bereit, allein zuerst wollte er die Hauptstadt isolieren. So unterwarf er zunächst das jenseits des Jordans gelegene Gebiet (Peraea) und besetzte die festen Plätze Gadara[4]) (heute Mukês) und Gerasa (heute Dscherasch).[5]) Dann setzte er sich in Emmaus (heute Kalônije) und Jericho (heute Riha) fest und ließ von hier aus Samaria im Norden und Idumaea im Süden unterwerfen. So war denn im Sommer 68 Jerusalem von allen Seiten isoliert,[6]) und Vespasian gieng nunmehr nach Cäsarea am Meer zurück, wo er seine Vorbereitungen zur Belagerung der jüdischen Capitale traf, als er die Nachricht von Neros gewaltsamem Ende[7]) erhielt. Mit des Kaisers Tod endete nach dem Gesetze auch Vespasians Mandat, und so stellte er denn, politisch nicht minder vorsichtig wie militärisch, bis auf weitere Verhaltungsmaßregeln seine Operationen ein.[8]) Auf die Kunde von der Erhebung Galbas sandte er den Titus an den neuen Kaiser ab, um ihm seine Glückwünsche zu überbringen,[9]) wie es Pflicht gegen den Kaiser war, und weitere Befehle zu holen. Überdies stand ja Titus gerade in dem Alter, um Ehrenstellen zu erwerben. Das Gerücht jedoch behauptete, dass Galba den Titus zu adoptieren wünsche. Genährt konnte solches Gerede durch verschiedene

---

[1]) Jos., bell., IV, $2,_{1}$—5. — Dass Titus einzig aus Mitleid mit der Bevölkerung eine freiwillige Übergabe gewaltsamer Bezwingung vorzog, ist eine lächerliche Entstellung des Josephus zugunsten des Siegers. Es geschah wohl bei jeder Feste, dass man sie zur Übergabe aufforderte, da man ja Kräfte und Zeit ersparte. Vollends unglaublich ist es, dass Titus am Sabbath nicht angreifen wollte. — Die Zahlen der auf der Flucht Getödteten oder Gefangenen (6000, beziehungsweise 3000) sind wie gewöhnlich ordentlich übertrieben; denn abgesehen davon, dass sie für das kleine galiläische Städtchen als riesig erscheinen müssen, ist es doch ganz undenkbar, dass über 9000 Leute unbemerkt die Stadt verlassen konnten.

[2]) Vgl. Seite 6 f. über den Feldzugsplan.

[3]) Jos., bell., IV, 3—$7,_{3}$.

[4]) Am 4. Dystros (hebr. Adar), d. i. etwa im Februar 68; vgl. Clinton, FR., I, ad ann. Der Ort liegt etwa 10 km s.-ö. v. See Genezareth.

[5]) An einem Zuflusse des Jabbok (heute Nahr ez-Zerkâ), der in den unteren Jordan linksseitig mündet.

[6]) Die Geschichte des Feldzuges vom Winter bis Sommer 68 bei Jos., bell., IV, $7,_{3}$—$9,_{1}$.

[7]) 9. Juni 68. — Clinton. FR., I, ad ann.

[8]) Tac., Hist., V, 10: proximus annus civili bello intentus, quantum ad Judaeos per otium transiit.

[9]) Tac., Hist., I, 10: Titum filium ad venerationem cultumque eius miserat.

Umstände werden, wie die Kinderlosigkeit und das hohe Alter des neuen Herrschers, die Tapferkeit, Gewandtheit und Liebenswürdigkeit des jungen Legionslegaten, durch die Prophezeiungen, die Vespasian bezüglich seiner Zukunft zutheil geworden waren.[1]) Und die Möglichkeit einer solchen Absicht Galbas ist in Ansehung der glücklichen Wahl der Person des Titus nicht abzuleugnen. Zugleich mit Titus und zu gleichem Zwecke, um nämlich dem neuen Herrn seine Aufwartung zu machen, schiffte sich auch König Agrippa ein. Als sie im Jänner 69 nach Achaia kamen, erhielten sie in Korinth die Botschaft, dass Galba bereits ermordet sei. Während sich nun Agrippa durch diesen neuen Regierungswechsel nicht anfechten ließ und seine Reise nach Rom fortzusetzen beschloss, berieth Titus mit Zuziehung einiger weniger Freunde, was er thun sollte: gienge er nach Rom, so würde er offenbar keinen Dank ernten für sein Erscheinen, das doch eigentlich einem anderen als dem zu erwartenden neuen Kaiser gegolten hätte; anderseits konnte er wieder, wenn er umkehrte, den Sieger in Rom beleidigen. Schließlich gewann doch die Überzeugung bei ihm die Oberhand, dass die Rückkehr zum Vater das politisch Klügste wäre: denn da ja doch die Entscheidung in Rom noch nicht gefallen war, so konnte man es ihm jedenfalls nicht übelnehmen, wenn er sich auf die Seite seines Vaters schlug, von dem noch die Entscheidung abhieng; ja auch die Möglichkeit, dass Vespasian selbst zur Leitung des römischen Staates berufen werden könnte, schien ihm schon näher gerückt.[2]) So trat er denn die Rückreise an. Herzensangelegenheiten dürften wohl in so hochwichtigen politischen Erwägungen des verständigen Titus gar nicht mitgespielt haben.[3]) Er fuhr längs der asiatischen Küste über Rhodus und Cypern. Auf dieser Insel kam ihn die Lust an, den Tempel der paphischen Venus zu besuchen, der in hohem Ansehen stand. Er befragte die Priester bezüglich der Seefahrt. Als man ihm günstige See in Aussicht gestellt hatte, soll er auch Fragen über seine eigene Person gethan und hierauf in geheimer Unterredung Prophezeiungen über seine Zukunft erhalten haben. Gehobenen Muthes setzte er nunmehr seine Fahrt nach Syrien in rascherem Tempo fort.[4]) Noch ehe er ankam, hatte Vespasians Heer wie das des Mucian schon Otho den Huldigungseid geleistet, doch stellte Vespasian in spannender Erwartung der zwischen Otho und Vitellius schwebenden Entscheidung weitere Unternehmungen ein.[5]) Erst als er erfuhr, dass Vitellius gesiegt und Otho sich selbst den Tod gegeben hatte, nahm Vespasian die Operationen wieder auf. Allein bald kündeten sämmtliche Heere des Ostens dem Herrn in Rom den Gehorsam und riefen Vespasian zum Kaiser aus. Es ist gewiss, dass auch Titus mit ein Verdienst hat, seinem Vater hiezu verholfen zu haben, denn seinem diplomatischen Talente und seiner persönlichen Liebenswürdigkeit ist es großentheils zuzuschreiben, dass Mucian eigenen Herrschergelüsten zum Wohle des Staates entsagte und sich den Huldigungen des Ostens anschloss.[6]) Die Statthalter der beiden Nachbarprovinzen Judäa und Syrien waren nämlich Anfangs in Eifersucht entzweit gewesen, und erst nach Neros Tod verständigten

---

[1]) Tac., Hist., II, 1. — Suet., Tit., 5.

[2]) Tac., Hist., II. 1.

[3]) Einige meinten nämlich, er sei aus Sehnsucht nach Berenice umgekehrt. Tac., Hist., II, 2. — Tac. sagt (ebenda): „neque abhorrebat a Berenice iuvenilis animus". Das ist ein starker Ausdruck, aber begründet in dem Hasse des Römers gegen alles Jüdische.

[4]) Ebenda, 4. — Suet., Tit., 5.

[5]) Tac., Hist., II, 6,7.

[6]) Ebenda, II, 5.

sie sich, u. zw. zuerst durch Freunde. Vollends aber einigte sie erst Titus, dessen liebenswürdiges Wesen den Mucian ganz für sich gewann.[1] Und die Anerkennung von dieser Seite war von großer Bedeutung, denn der Statthalter Syriens war ein redegewandter, in administrativen Dingen gut versierter Mann, der selbst einen guten Fürsten abgegeben hätte.[2] Er stellte nur den Vespasian über sich, und die Tüchtigkeit des Titus, von dem er selbst sagte, er würde ihn adoptiert haben, wenn er selbst zur Regierung gekommen wäre, mag ihm seinen Entschluss erleichtert haben.[3] Auch dass die Königin Berenice sich mit großem Eifer für Vespasians Partei einsetzte, mag dem Einflusse des Titus nicht mit Unrecht zugeschrieben werden.[4]

So hatte das diplomatische Geschick des Sohnes die Anerkennung des Vaters ermöglicht oder doch beschleunigt. Und als sich die beiden Statthalter wieder in ihre Hauptstädte zurückbegaben, Vespasian nach Cäsarea, Mucian nach Antiochia,[5] da begleitete Titus den letzteren, um als Vertreter seines Vaters mit ihm darüber zu berathen, was nun zu unternehmen sei. Noch bevor er wieder zurückkehrte, hatte das jüdische Heer am 3. Juli gehuldigt. Als Antrittstag seiner Regierung aber feierte der neue Kaiser immer den 1. Juli, den Tag, an welchem die ägyptischen Legionen in Alexandreia ihm den Eid geleistet hatten.[6]

Während Mucian voraus nach Italien gieng, war Vespasian in Ägypten, wohin ihm auch sein Sohn folgte. Erst als der Kampf in Rom beendet, Vitellius ermordet (22. December 69) und Mucian mit einem Theile der im jüdischen Krieg verwendeten Truppen Tags darauf in Rom eingezogen war[7] und seine Herrschaft im ganzen Reiche Anerkennung gefunden hatte, erst dann schiffte er sich selbst nach Italien ein. Mit der Fortführung des Krieges, der nun nichts mehr im Wege stand, beauftragte er seinen Sohn.

Titus Caesar. Beendigung des jüdischen Krieges (70).

Als Vespasian seinen Principat antrat, erhielt Titus mit seinem Bruder Domitian den Titel Caesar[8] und princeps juventutis.[9] Zugleich hatte ihm der Senat in Rom das Consulat zusammen mit Vespasian zuerkannt,[10] das sie mit dem Jahre 70, Titus fern von Rom in Judäa, antraten.[11] Denn, wie bemerkt, war dieser mit der Beendigung des Judenkrieges betraut worden, die man in Italien umso eher erwartete, als man es den Juden nicht verzeihen konnte, dass sie sich jetzt, wo überall Frieden herrschte, allein noch immer nicht fügen wollten. Hiezu konnte nur Titus als der geeignetste Mann erscheinen, da er die Armee kannte, bei derselben überaus beliebt und

---

[1]) Ebenda, 5 und 74: Muciani animus nec Vespasiano alienus et in Titum pronior.

[2]) Ebenda, 5.

[3]) Tac., Hist., II, 77 in der Rede, die er an Vespasian zur Aufmunterung desselben hielt.

[4]) Tac., Hist., II, 81.

[5]) Offenbar waren sie in der Mitte zwischen beiden irgendwo zusammengekommen.

[6]) Tac., Hist., II, 79 und Suet., Vesp., 6.

[7]) Jos., bell., IV. 11_{1-4}.

[8]) Dio, LXVI, 1_1: καὶ Καίσαρες ὅ τε Τίτος καὶ ὁ Δομετιανὸς ἐπεκλήθησαν.

[9]) Eckhel, VI, 350.

[10]) Tac., Hist., IV, 3; Dio, LXVI, 1_1.

[11]) Tac., Hist., IV, 38.

populär war und sich in diesem Kriege bereits mehreremale ganz besonders ausgezeichnet hatte.[1]) So blieb er bei der Abreise seines Vaters in Alexandreia. Zum Ersatze für die Verminderung, welche die drei judäischen und die eine (12.) syrische Legion dadurch erfahren hatten, dass Vespasian eine Auslese von Kerntruppen dem Mucian nach Rom mitgegeben hatte, nahm Titus aus Alexandreia in Ägypten etwa 2000 Mann aus den dort stationierenden Legionen, nämlich der 22. Deiotariana und 3. Cyrenaica,[2]) mit nach Judäa.[3]) In etwa 9—10 Tagen[4]) marschierte er mit diesen Streitkräften nach Cäsarea. Er verfügte über ein recht stattliches Heer, in dem sein vertrauter Freund Tiberius Alexander, der ehemalige Statthalter von Ägypten, das Obercommando führte.[5]) Den 3 Legionen seines Vaters gesellte er noch die 12. Fulminata, eine der syrischen, zu. Dazu kamen außer den erwähnten Ergänzungen aus der ägyptischen Armee noch 20 Bundescohorten und 8 Reiteralen, die Hilfsheere der Könige Agrippa, Sohaemus und Antiochus, ein starkes Hilfscorps von Arabern, die der Judenhass herbeigeführt hatte, und viele aus Rom und Italien zugeströmte Freiwillige.[6]) Einen Theil dieses Heeres zog er noch in Cäsarea an sich, ein anderer wurde durch schriftliche Mittheilung angewiesen, vor Jerusalem zu ihm zu stoßen, u. zw. sollte die 5. Legion, deren Oberbefehl in den Händen des Sextus Cerialis lag,[7]) von Emmaus, die 10., welche Larcius Lepidus commandierte,[8]) von Jericho gegen die Hauptstadt marschieren. Im Frühjahr 70 brach Titus mit seiner Armee von Cäsarea auf. Nach 2 Tagemärschen lagerte er bei einem etwa $1\frac{1}{2}$ Stunden von Jerusalem entfernten Dorfe.[9])

Doch bevor wir auf den Verlauf der Belagerung selbst eingehen, ist es nothwendig, mit einigen Worten auf die schon einmal (Seite 11) berührten Zustände in der jüdischen Capitale selbst zu kommen,[10]) die, mögen sie auch von unserem einzigen Gewährsmanne hiefür in vielem überzeichnet sein, doch so entsetzlich waren, dass sie allein schon die Stadt der Vernichtung entgegenführten. — Die Einigkeit, die zu Beginn des Krieges die Bevölkerung Jerusalems gegen den gemeinsamen Feind begeistert hatte, war bald dahin, als man bemerkte, dass die Römer nicht geradenwegs die Hauptstadt anzugreifen beabsichtigten.[11]) Die Bevölkerung zerfiel, wie erwähnt,[12]) in zwei Parteien. Mit Hilfe der Idumäer überwältigten die Zeloten die Gemäßigten, die, wie wir hörten, den Vespasian zu Hilfe riefen (Ende 68). Nunmehr herrschten bloß die Zeloten, die eine förmliche Regierung bildeten und sogar eigene Revolutionsmünzen schlugen.[13]) Alle Bande der Ordnung lösten sich unter diesem Schreckensregiment.[14]) Bald gab es drei Parteien, die miteinander im blutigen Bürgerkriege lagen. Johannes von Giskala nämlich,

---

1) Tac., Hist., V, 1 und 10.
2) Vgl. Marquardt, St. V., II, 433.
3) Jos., bell., V, $1_{,6}$; Tac., Hist., V, 1.
4) Diese Zeit ergibt sich aus Jos., bell., IV, $11_{,5}$: nämlich am 5. Tage war er in Gaza, am 6. in Askalon, von hier ist etwa ein Tagemarsch bis Jamneia (7.), ein weiterer (8.) bis Joppe und etwa 2 (10.) bis Cäsarea.
5) Jos., bell., VI, $4_{,3}$.
6) Tac., Hist., V, 1.
7) Jos., bell., VI, $4_{,3}$.
8) Ebenda. — Die Legionen hatten wohl, während Titus in Ägypten war, in diesen Orten ihre Stellung gehabt. — Vgl. Mommsen, R. G., V, 535.
9) Jos., bell., V, $2_{,1}$.
10) Siehe hierüber Mommsen, R. G.. V, 536.
11) Jos., bell., II, 20. 22.
12) Siehe Seite 11.
13) Schiller a. a. O., $I_{,1}$, 391.
14) Jos., bell., IV, 3—6.

der sich an die Spitze der Zeloten gestellt hatte, konnte keinen anderen neben sich dulden, und dies veranlasste einen Theil seiner Anhänger, sich von ihm abzuwenden. Er aber trieb seine Tyrannei immer ärger, so dass endlich das Volk in seiner Verzweiflung einen gewissen Simon, den Sohn des Giora, einen Bandenführer, der in Judäa und Idumäa herumzog, gegen Johannes zuhilfe rief. Ihm gelang es, den Johannes mit seinen Galiläern auf den Tempelberg und in die Tempelhalle zurückzudrängen. So wurde Simon Herr der Stadt im April 69.[1]) Aber von den Zeloten schied sich wieder eine Partei unter des Simon Sohn Eleazar aus, die das Allerheiligste des Tempels besetzte, indessen von der Partei des Johannes bald beseitigt wurde.[2]) So waren wieder zwei Parteien. Simon behauptete die obere und untere Stadt, Johannes den Tempelberg und die Ophla.[3]) Tagtäglich bekämpften sich die Parteien in den Straßen bis zur Vernichtung. Das sind die Zustände in der jüdischen Hauptstadt gewesen, dem letzten Bollwerke einer Nation gegenüber dem herannahenden Herrn der damaligen Welt.

Titus lagerte, wie bemerkt, schon ganz in der Nähe bei einem Dorfe, das von den Juden Saulsberg genannt wurde, in dem sogenannten Dornenthal.[4]) Er selbst begab sich mit 600 Reitern auf Recognoscierung. Titus hätte sich getäuscht, wenn er der Meinung gewesen wäre, dass der innere Parteihader der Juden ihm die Einnahme der Stadt wesentlich erleichtern würde. Gegen den äußeren Feind einigten sich die verschiedenen Parteien immer und stritten Schulter an Schulter. Dies musste der Caesar bald erfahren. Denn bei dem Thurm Psephinos (im NW d. Stadt) wurde er durch einen wüthenden Ausfall der Juden überrumpelt und ihm der Rückweg abgeschnitten; nur durch seine eigene Tapferkeit und die Schnelligkeit der Pferde entkam er glücklich mit seiner Reiterei.[5]) In der folgenden Nacht kam die 5. Legion von Emmaus, am nächsten Tag die 10. von Jericho.[6]) Für die letztere wurde ein Lager auf dem Ölberg östlich der Stadt erbaut, Titus mit dem anderen Theil seiner Armee lagerte auf dem Scopus, nördlich von Jerusalem.[7]) Als die 10. Legion noch mit ihren Schanzarbeiten beschäftigt war, machten die Juden plötzlich unter furchtbarem Geschrei einen Angriff auf dieselbe von so ungestümer Wucht, dass die Römer verloren schienen. Da griff noch zur rechten Zeit der Caesar ein. Klingen auch die Worte des jüdischen Geschichtschreibers, dass Titus allein zweimal die bedrohte Legion gerettet habe, tendenziös,[8]) so dürfte immerhin Titus einen großen Theil des Verdienstes haben, die Legion vor der Niederlage bewahrt zu haben. Nun aber beschloss er, näher an die Mauern der Stadt heranzurücken. Nachdem das Terrain bis zur Stadt hin planiert worden war, verlegte er sein Lager an einen Platz gegenüber dem Psephinos-Thurme, die anderen Theile des Heeres mit Ausnahme der 10. Legion, die auf dem Ölberge blieb, erhielten ihr Lager einige hundert Meter von der Stadtmauer entfernt bei dem sogenannten Hippikosthurm.[9]) Nun konnte die Belagerung ihren Lauf nehmen. Es war eine keineswegs leichte Aufgabe, die der junge Caesar auf sich genommen hatte; der Anblick der wohlbefestigten

---

[1]) Siehe wie auch für das Folgende Jos., bell., IV, $9,_{3-11}$; V, $1,_{1-6}$.
[2]) Tac., Hist., V, 12.
[3]) Jos., bell., V, $6,_1$.
[4]) Ebenda, V, $2,_1$.
[5]) Ebenda, V, $2,_2$.
[6]) Siehe Seite 14.
[7]) Jos., bell., V, $2,_3$. — Siehe die Nebenkarte bei Kiepert a. a. O.
[8]) Ebenda, $2,_{4,5}$.
[9]) Ebenda, $3,_{2-5}$.

großen Stadt musste ihm das sagen: auf vier Hügeln erbaut,[1]) zerfiel Jerusalem in ebensoviele Stadttheile, die von einander durch thurmbewehrte Mauern geschieden waren, nämlich die Alt- oder obere Stadt im SW. auf dem Hügel Zion,[2]) auf dem Berge Moriah im O. das Heiligthum der gesammten Judenschaft, der Salomonische Tempel, zwischen beiden die Unterstadt, über der Akra sich erhebend, und endlich im N. auf dem Hügel Bezetha und auf dem von diesem gegen W. ziehenden Plateau die Neustadt.[3]) So war das religiöse Centrum, der Tempel, gegen N. und W. durch eine dreifache Mauerlinie geschützt, nur gegen O. bot die natürliche Lage allein genügende Sicherheit.[4]) Dies alles, vertheidigt von einer zahlreichen fanatischen Besatzung, war geeignet genug, die Kräfte der Römer gewaltig auf die Probe zu stellen.[5]) Denn die zur Feier des Osterfestes nach Jerusalem zusammengeströmte Judenschaft hatte nicht nur die unthätige Menge, Weiber und Kinder, sondern auch die Zahl der Vertheidiger verstärkt. Die Einwohnerzahl zur Zeit der Belagerung, welche Tacitus in Erfahrung brachte, betrug 600 000.[6]) Die wehrhafte Mannschaft unter des Johannes und unter Simons Führung betrug nach Josephus 23 400 Mann.[7]) Titus, der Schwierigkeit seiner Aufgabe sich wohl bewusst, umritt die Stadt, um nach einem Angriffspunkte zu forschen. Denn nicht allein die Ehre des Feldherrn und des römischen Volkes,[8]) sondern auch praktische Beweggründe verlangten eine Eroberung im Sturme. Das Ansehen der neuen Regierung in Rom konnte nicht besser gefördert werden als durch eine rasche glänzende Einnahme der jüdischen Capitale. Zu einfacher, voraussichtlich langwieriger Blockade konnte sich Titus daher nicht entschließen. Des Caesars Feldherrnblick erkannte bald, dass der Angriff nur von der Nordseite, der Neustadt, her denkbar war, denn die Befestigung dieses weniger stark bevölkerten Stadttheiles war etwas vernachlässigt worden, und außerdem bot das Terrain hier die einzige Möglichkeit, an die Mauern heranzukommen. So ließ er denn hier, bei dem Grabe des Hohepriesters Johannes, die Aushebung der Schanzen beginnen. Schleuderer und Bogenschützen begannen nun ihr Werk unterstützt von den vor ihnen aufgestellten Geschützen (Katapulten und Ballisten), die eine wirksame, ausgiebige Beschießung der Stadt eröffneten. Besonders die 10. Legion war mit gröbstem Geschütz aufs beste ausgestattet. Gedeckt durch diesen Fernangriff konnte Titus nun auch die Sturmböcke gegen die Mauern führen. An drei Stellen begannen diese zu spielen. Allein die Mauer, die an manchen Stellen 10 m stark war,[9]) gab nicht so leicht nach, und die Vertheidiger der Stadt, nunmehr wieder einmal geeinigt, gaben an Kühnheit den Angreifern nichts nach. Auch sie führten ihre schweren Geschütze auf die Mauern, um die Schanzarbeiten der Belagerer zu stören, machten auch gelegentlich durch lange, unterirdische Gänge, die aus der Stadt ins Freie führten, erfolgreiche Ausfälle und suchten die Werke, besonders die gefährlichen Thürme, welche die Römer errichteten,[10]) in Brand

---

[1]) Für die Beschreibung von Jerusalem siehe Jos., bell., V, 4,5. — Merivale a. a. O., 158 ff.

[2]) Josephus nennt ihn niemals so.

[3]) Vgl. den Plan von Jerusalem auf der Karte von Palästina in Kieperts Atlas antiquus.

[4]) Siehe die Beschreibung der Befestigungen bei Tac., Hist., V, 11.

[5]) Tac., Hist., II, 4: oppugnatione Hierosolymorum reliqua, duro magis et arduo opere ob ingenium montis et pervicaciam superstitionis, quam quo satis virium obsessis ad tolerandas necessitates superesset; indessen waren die Kräfte noch immerhin stark genug; siehe oben.

[6]) Hist., V, 13.

[7]) bell., V, 6_1.

[8]) Tac., Hist., V, 11: neque enim dignum videbatur famem hostium opperiri etc.

[9]) Jos., bell., V, 4_3: 20 Ellen.

[10]) Deren hatte Titus drei gebaut. Jos., bell., V, 7_1.

zu stecken. Bei einem solchen Ausfalle war es nur dem Beispiel des Cäsars selbst, der überall unter den ersten war und dabei auch einst an der linken Schulter leicht verwundet wurde, [1]) und dem tapferen Eingreifen der alexandrinischen Kerntruppen zu verdanken, dass die Juden, die schon die Werke angezündet hatten und bereits im Begriffe waren, das römische Lager zu überfallen, noch rechtzeitig in die Stadt zurückgeworfen wurden. Sämmtliche Geschütze der Römer sollen in höchster Gefahr gewesen sein.[2]) Namentlich aber litt das Heer der Römer unter dem immer zunehmenden Mangel an Wasser, da sie dieses aus ziemlicher Ferne und da meist solches von zweifelhafter Güte holen mussten, wobei sie von den aus den Minen hervorbrechenden Juden nicht selten überfallen wurden. Titus sah sich genöthigt, diese Ausgänge erst alle verstopfen zu lassen.[3])

Nach vierzehntägiger harter Arbeit gelang es endlich am 15. Tage der Belagerung[4]) mit dem größten der in Gebrauch befindlichen Sturmböcke eine Bresche in die Mauer zu legen, worauf das ganze Heer durch die Thore in die Neustadt einzog; die Juden mussten diese räumen und sich hinter die zweite Mauer zurückziehen.

Eingeschlossen zwischen der äußeren Umwallung und der nun noch zu nehmenden zweiten Mauer, die sie von der eigentlichen Stadt trennte, waren die Römer in entschiedenem Nachtheile den Juden gegenüber, die von einer bedeutend kleineren Vertheidigungslinie herab sich ihre Ziele in den dichter gedrängten Massen der Angreifenden um vieles leichter suchen konnten. Ich glaube es wohl, dass Titus die Juden jetzt nochmals zur Übergabe aufforderte[5]) und ihnen im Falle, dass sie Folge leisteten, Straflosigkeit versprach. Allein die Belagerten, weit entfernt sich zu übergeben, fügten dem römischen Heere ziemlich großen Schaden zu. Jüdische Überläufer und Gefangene verdarben ihnen immer das Wasser, so dass Titus endlich die Aufnahme von Deserteuren untersagte. Ja die Erfolge der Juden müssen sogar recht nennenswert gewesen sein, denn es kamen selbst einige Fälle vor, dass römische Soldaten zu den so verachteten Juden überliefen; gieng ja doch in dem römischen Heere infolge der langen Belagerung und der großen Schwierigkeiten, die die Besatzung ihm bereitete, das Gerede, die Stadt sei uneinnehmbar.[6]) Nach fünftägiger Arbeit des Sturmbockes wurde auch in diese Mauer eine Bresche gelegt, durch die Titus, ohne sie zu erweitern und die Mauern niederreißen zu lassen, mit einer Anzahl Fußtruppen und 1000 Reitern einzog. Diese Unvorsichtigkeit musste der sonst so kluge und vorsichtige Feldherr büßen. Denn kaum hatte er sich mit seiner Abtheilung innerhalb der Mauer begeben, so wurde er plötzlich von den Juden überfallen und wieder hinausgedrängt.[7]) So musste diese Mauer in neuem

---

[1]) Dio, LXVI, 5

[2]) Jos., bell., V, $6,_{2-5}$.

[3]) Dio, LXVI, $4,_{5}$.

[4]) Am 7. Artemisios, also etwa Mai 70. Jos., bell., V, $7,_{2}$.

[5]) Das sagt Dio, LXVI. $5,_{3}$. Ich meine, die Bedenken Bernays' (a. a. O., 178 f.) gegen eine solche Annahme mehrmaliger Aufforderung zur Übergabe sind doch etwas zu weitgehend.

[6]) Jos. weiß davon nichts, dagegen erzählt es Dio, LXVI, $5,_{2}$ ff. Wohl erwähnt aber auch Jos. (bell., V, $7,_{3}$), dass die Juden im Kampfe von der Mauer im Vortheile waren.

[7]) Jos., bell., V, $7,_{3}$—$8,_{1}$. Dass Titus nach Einnahme der zweiten Mauer verboten habe, einen gefangenen Juden zu tödten oder die Häuser anzuzünden, erscheint recht unwahrscheinlich. Josephus wollte eben seinen Protector Titus als nicht zu grausam gegen die Juden, die doch immerhin des Josephus Landsleute und Brüder blieben, erscheinen lassen. Abgesehen davon, dass solche Milde dem Feinde gegenüber den Römern fremd war, wäre sie in diesem Falle gar nicht am Platze, sondern nur Unterlassung einer sehr nothwendigen Vorsichtsmaßregel gewesen. Dass Titus nicht mehr dazu kam, die Häuser in Brand zu stecken, ist eher glaublich; denn der Überfall der Juden muss wohl sofort, nachdem Titus mit seiner Mannschaft eingedrungen war, stattgefunden haben.

Kampfe errungen werden, und als dies in 4 Tagen glücklich gelungen, war er wohl so vorsichtig, den ganzen nördlichen Theil der Mauer zu schleifen und in die Thürme des gegen Süden laufenden Theiles, den er stehen ließ, Besatzungen zu legen.[1]) Nun stand aber noch das schwerste Stück Arbeit bevor, die Erstürmung der dritten Befestigungslinie. Aber bevor Titus ans Werk gieng, wollte er den Juden zeigen, gegen welche Macht sie ihren vergeblichen Widerstand richteten. Da nämlich der Termin der Soldauszahlung gekommen war, so ließ er das ganze Heer in voller Rüstung ausrücken, ein Anblick, der die Herzen der Juden wohl erschreckt haben mag, so wenig er sie auch zu entmuthigen vermochte. Vier Tage vergiengen mit der Auszahlung der Armee, dann gab Titus seine Befehle für den Angriff. Das Heer theilte er in zwei Theile; der eine sollte bei dem Grabmale des Johannes den Angriff beginnen, da er von hier aus die obere Stadt zu nehmen gedachte. Aber da der Besitz der Stadt ohne den des Tempels, einer wahren, von der Natur selbst beschirmten Feste, nicht denkbar war, so musste Titus vor allem trachten, sich in Besitz des Tempelberges zu bringen. Dies gedachte er von der Burg Antonia aus[2]) am leichtesten bewerkstelligen zu können. Daher sollte die zweite Abtheilung der Belagerungsarmee gegen diese Burg operieren. Allein das war keine einfache Aufgabe. Die Juden, auf ein ziemlich kleines Vertheidigungsfeld zurückgedrängt, wehrten sich mit dem Muthe der Verzweiflung, um Verschanzungsarbeiten der Römer auf jede Weise zu hintertreiben.[3]) Allein im Verlaufe von 17 Tagen waren doch vier Parallelen vor den Mauern gezogen; die eine gegenüber der Antonia war von der Mannschaft der 5. Legion mitten durch einen Teich gezogen worden, in einiger Entfernung davon eine zweite von der 12. Legion, weiter im N. an dem sogenannten Mandelteich eine von der 10. Legion ausgehobene und eine vierte bei dem Grabmal des Johannes, die Schanzen der 15. Legion. Die Situation der Belagerten war während dieser Anstalten des Feindes schon eine recht ungünstige; denn außer dem vor den Mauern liegenden Heere kam noch ein anderer, viel schrecklicherer Feind über sie, — der Hunger. Das unbewaffnete Volk sah sich dem Tode immer näher, da es unter dem Zwange der Waffengewalt selbst alle Lebensmittel an die Krieger abliefern musste. Titus wusste das und ließ daher die Juden nochmals, und zwar durch Josephus zur Übergabe auffordern. Das war nun freilich keine glückliche Wahl, denn die Person des abtrünnigen Juden und Römerfreundes musste die gegen ihn aufgebrachte Bewohnerschaft von Jerusalem noch mehr erbittern. Allein trotzdem verließen viele die Stadt, zumal sie Titus ziehen ließ, wohin sie wollten.[4]) Dagegen wurden alle, die man außer der Mauer auf der Suche nach Lebensmitteln ergriff, vor den Augen der Belagerten ans Kreuz geschlagen.[5])

Unterdessen waren, wie erwähnt, die vier Parallelen fertig geworden, und die Artillerie zog in dieselben ein. Da gelang es dem verwegenen Johannes von Giskala, die Arbeit vieler Tage zu zerstören. Er soll in unterirdischen Gängen, die er unter die Wälle der Gegner geführt habe, das stützende Pfahlwerk angezündet haben, wodurch die Schanzen der Römer

---

1) Jos., bell., V, $8_{,2}$.

2) Vgl. den Plan bei Kiepert a. a. O.

3) Jos., bell., V, $9_{,1,2}$.

4) Jos., bell., V, $9_{,3,4}$, $10_{,1-5}$.

5) Ebenda, V, $11_{,1}$.

einstürzten.[1]) Einen Theil der Werke mögen die Juden auf diese Weise wohl vernichtet haben. Titus aber beschloss nun die Cernierung der ganzen Stadt. In kürzester Zeit war diese ringsum eingeschlossen.[2]) Außerdem zog er wieder vier Parallelen vor der Burg,[3]) eine Arbeit, die trotz der großen Entfernung, aus der man das Holz herbeischaffen musste, in drei Wochen geschehen war.[4]) Die Lage in Jerusalem war schon eine verzweifelte. Was der zelotischen Regierung nicht folgte, wurde hingerichtet, und was dem Schwerte der Blutmänner von Jerusalem entgieng, verfiel dem Hunger. Die Zahl der Leichen stieg ins Schauderhafte.[5]) Nicht mehr Hoffnung auf Rettung, sondern nur Muth der Verzweiflung war es, der die Juden noch in den Kampf trieb. Nachdem ein Ausfall des Johannes glücklich abgeschlagen worden war, begann man auf römischer Seite mit dem Angriff gegen die Burg Antonia (Juli 70). Nichts halfen mehr die furchtbarsten Anstrengungen der Juden, die Burg fiel nach mehreren vergeblichen Versuchen doch den Römern in die Hände. Allein alle Bemühungen der Römer, auch gleich den Tempelhof zu erobern, wurden an der Tapferkeit seiner Vertheidiger zuschanden. Auch diesmal soll sich Titus mit unter den ersten, die die Mauern erstiegen, befunden haben; so behauptet wenigstens Josephus.[6]) Es ist aber kaum glaublich, denn der Feldherr gehört auf einen anderen Posten. — Um den Aufstieg gegen den Tempel zu erleichtern, ließ Titus die Burg zerstören und den Weg gegen den Tempel hin ebnen, hierauf vier Parallelen ziehen. Die nordwestliche Tempelhalle, die mit der Antonia in Zusammenhang stand, zündeten die Juden selbst an und rissen sie ein, und als die daneben befindliche Halle durch die Römer in Brand gesteckt wurde, halfen die Juden sogar mit und deckten zur Beschleunigung des Zusammensturzes das Dach ab.[7]) Wahrscheinlich haben sie den Feinden hiedurch den Weg zum Heiligthume selbst nur erleichtert.[8]) Um den Tempel begann nun ein furchtbarer Kampf.[9]) Da die Sturmböcke gegen die riesigen Quadern der Tempelmauer nichts auszurichten vermochten, befahl er, an die Thore Feuer zu legen, das bald auch die Tempelhallen ergriff.[10]) Titus scheint doch nicht ganz einig mit sich gewesen zu sein, ob auch der ehrwürdige Tempel ein Opfer der

---

[1]) Jos., bell., V, $11_{,4,5}$. Die Geschichte klingt etwas unglaublich; denn das Gelingen dieses Planes setzt doch voraus, dass diese Minen genau unter den Wällen der Römer geführt wurden, eine an und für sich schwierige Arbeit, die in kürzerer Zeit — die Juden konnten doch erst nach Beendigung der Wälle damit beginnen — sehr unglaublich ist. Vielleicht wurden doch bloß alte unterirdische Ausgänge aus der Stadt (Dio, LXVI, $4_{,5}$) benützt.

[2]) Nach Jos. (bell., V, $12_{,2}$) in 3 Tagen. Diese Zahl ist nicht so undenkbar, wie sie aussehen mag und wie Josephus thut, indem er sagt, es war ein Werk, für das Monate nicht zu viel gewesen wären. Denn bei der Aushebung der Parallelen arbeitet eben Soldat an Soldat. So haben bei der Belagerung von Straßburg im Jahre 1870 die deutschen Truppen in einer Nacht eine Parallele von Schiltigheim bis Königshofen hergestellt und in wenigen Stunden eine deutsche Meile (= über 40 Stadien) Laufgräben von 4½ Fuß Tiefe ausgehoben. (Vgl. Hiltl, Der deutsch-französische Krieg, 7. Aufl., Seite 434.)

[3]) Jos., bell., V, $12_{,4}$.

[4]) Ebenda, VI, $1_{,1}$.

[5]) Jos., bell., V, $13_{,7}$, sagt gar, dass vom Beginne der Belagerung (das ist April) bis zum Neumond des Panemos (Juli) nach dem Berichte eines jüdischen Überläufers durch ein einziges Thor 115880 Todte getragen worden seien, und nach anderen Überläufern betrug die Zahl der Leichen von Unbemittelten allein 600000. Das klingt allerdings furchtbar übertrieben, wirft aber doch ein grelles Licht auf die entsetzlichen Zustände.

[6]) bell., VI, $1_{,3-8}$. Titus spielt immer dieselbe Rolle.

[7]) Jos., bell., VI, $2_{,1-9}$.

[8]) Vgl. Dio, LXVI, $6_{,1}$.

[9]) Jos., bell., VI, 3.

[10]) Ebenda, VI, $4_{,1,2}$.

Flammen werden sollte, denn er berief einen Kriegsrath seiner Generale zusammen. Titus trat, den einzigen für die Römer richtigen Standpunkt einnehmend, dafür ein, dass der Tempel zerstört werde; „denn so werde der Juden und Christen Aberglaube gänzlich beseitigt".[1]) Am 10. Loos, d. i. im August[2]) des Jahres 70 stürzte der herrliche Salomonische Tempelbau in Trümmer, alles unter sich mit den seit Jahrhunderten hier aufbewahrten Schätzen begrabend.[3]) Zwei Priester giengen mit ihrem Heiligthume unter,[4]) diejenigen, welche sich ergaben, ließ Titus hinrichten; „denn Priester müssten mit ihrem Heiligthume sterben".[5]) Auf den rauchenden Trümmern des jüdischen Nationalheiligthumes begrüßte die römische Armee ihren Feldherrn als Imperator.[6]) Hiemit war der Kampf wohl beinahe beendet, allein der Trotz der fanatischen Anführer ließ einen Gedanken an Ergebung noch nicht aufkommen.[7])

Es kostete noch die Anstrengung mehrerer Wochen, bis die Römer auch Herren der oberen Stadt waren. Auch da mussten wieder Parallelen gezogen werden.[8]) Aber es war doch der Ausgang ein unvermeidlicher. Am 8. Elul, d. i. im September, u. zw. nach allgemeiner Annahme am 2. September 70,[9]) nach Sueton am Geburtstage von des Titus Tochter,[10]) war auch der letzte Theil der Stadt in den Händen der Sieger.[11]) Titus ließ die ganze obere Stadt zerstören und die Mauern schleifen. Das war das Ende des langen, blutigen Kampfes, ergreifend, so leicht es auch vorauszusehen war.[12]) Das Schicksal der Gefangenen überließ er seinem Freunde

---

[1]) Josephus behauptet zwar, dass Titus für die Erhaltung des Tempels eingetreten sei, und schiebt die Verbrennung des Heiligthums einem Zufalle (aber doch einem römischen Soldaten!) zu (bell., VI, $4,_5$), allein Tacitus, der uns bei Sulpicius Severus, II, $30,_6$ erhalten ist, berichtet mit Genugthuung das Gegentheil. Siehe hierüber Bernays. a. a. O., Seite 162 ff. Auch Mommsen schließt sich Bernays' Ansicht an, denn „der centrale Cultus der Juden musste nach dem Entschlusse der Regierung beseitigt werden" (R. G., V, 538 f.). Vgl. auch Büdinger. Universalhistorie im Alterthum, S. 200. Bernays weist auch auf eine Stelle in den Argonautica des Dichters Valerius Flaccus hin, wo Titus geschildert wird „geschwärzt von Jerusalems Schlachtstaub, wie er den Brandpfeil schleudert und wüthet auf jeglicher Zinne" (a. a. O., S. 164). Des Josephus Darstellung ist also wohl eine Entstellung des wahren Sachverhaltes, hervorgerufen durch das Bemühen des jüdischen Autors, den Titus in seinem (des Josephus) Sinne nicht zu grausam durch eine That erscheinen zu lassen, die derselbe als Jude doch nur verdammen konnte. Vgl. hierüber auch das Seite 17, A. 7 Gesagte. Ranke (Weltgeschichte, III_1, 246, A. 1) ist nicht Mommsens und Bernays' Ansicht. Übrigens bezeichnen auch andere jüdische Quellen den Titus als Rascha, d. h. Frevler, ja sie zeihen ihn sogar der Vermessenheit, dass er an Seite einer Buhlerin in das Allerheiligste gedrungen sei. (bab. Talmud, Gittin, 56 b, citiert bei Weiss, Schluss der Abhandlung a. a. O., S. 7.)

[2]) Ob es gerade der 5. gewesen sei, wie Steinwenter a. a. O., S. 357 meint, ist durchaus nicht möglich nachzuweisen. Dass es gerade derselbe Tag gewesen sei (nach Angabe des Jos.), an dem im Jahre 588 der Salomonische Tempel von den Babyloniern eingenommen worden sei, das klingt viel zu merkwürdig, als dass wir es unbedingt glauben müssten.

[3]) Jos., bell., VI, $4,_{4-7}$.

[4]) Ebenda, VI, $5,_1$.

[5]) Ebenda, VI, $6,_1$.

[6]) Ebenda.

[7]) Die Hartnäckigkeit der Vertheidigung bezeugt auch Tacitus, Hist., V, 13.

[8]) Jos., bell., VI, 7, 8.

[9]) „Nach einer auf Jos., bell., IV, $9,_3$ (?) gestützten Berechnung" sagt Ranke, WG., III_1, 247^1.

[10]) Tit., 5.

[11]) Jos., bell., VI. $8,_5$.

[12]) Ranke sagt (WG., III_1, 247): „So waren Ninive und Persepolis, Halikarnass und Tyrus, Syrakus und Karthago untergegangen, keine von allen diesen Capitalen großartiger als Jerusalem."

Fronto, dem Präfecten der von Alexandreia gekommenen Legionssoldaten.[1]) Der ließ die Rädelsführer hinrichten, die größten und schönsten jungen Männer bewahrte er für den Triumph auf, darunter auch den Simon,[2]) die über 17 Jahre alten kamen zum großen Theile in die Bergwerke von Ägypten.[3]) Die meisten wurden in die Provinzen verschenkt, wo sie bei den zur Siegesfeier gegebenen Spielen entweder durch das Schwert oder durch wilde Bestien sterben sollten. Was unter 17 Jahren war, wurde verkauft,[4]) Johannes wurde zu lebenslänglichem Gefängnisse bestimmt.[5]) Die Zahl der Gefangenen und Todten war gewiss eine sehr bedeutende, wenn auch nicht so enorm, wie Josephus seinem Leser auftischen will.[6]) Stadt und Tempel wurden dem Boden gleichgemacht, nur die größten Thürme, namens Phasad, Hippikos und Mariamne, sollten stehen bleiben, um der Nachwelt zu zeigen, wie groß und herrlich die Stadt war, die Roms Kriegern und des Titus Feldherrntalente erlag.[7]) Als Besatzung ließ Titus in dem westlichen Theile der Stadt, dessen Ringmauer er auch stehen ließ, die 10. Legion, die von Titus Phrygius commandiert wurde, und einige Cavallerieschwadronen.[8]) Zugleich mit dem Tempel wurde auch das Hohepriesterthum und das Synedrium von Jerusalem beseitigt. Die zum Unterhalte des Salomonischen Tempels bestimmte Steuer der gesammten Judenschaft im Betrage von 2 Drachmen pro Kopf wurde aufrecht erhalten, aber — für den Juppiter Capitolinus, das heißt für den Kaiser von Rom.[9])

Nach den üblichen Decorationen der verdienten Soldaten und Dankopfern entließ er zunächst die 12. Legion, die er dem Anscheine nach wegen ihrer Niederlage unter Cestius nicht besonders liebte. Er verwies sie ganz aus Syrien und sandte sie nach der Grenze von Armenien und Kappadocien, nach Melitene am Euphrat.[10]) Die 5. und 15. dagegen nahm er vorderhand auf ihren dringenden Wunsch mit sich. Angeblich wollten sie ihn, den sie als Imperator begrüßt hatten, nur unter der Bedingung aus der Provinz ziehen lassen, dass sie ihm folgen dürften. Es war dies gewiss das schönste Zeichen der Anhänglichkeit seiner Truppen, wenn es ihm auch den Verdacht eintrug, dass er nach der Herrschaft im Oriente strebe.[11]) Die Überfahrt nach Italien verschob Titus wegen vorgerückter Jahreszeit erst auf das nächste Jahr.[12]) Er begab sich unterdessen von Cäsarea am Meer nach

---

[1]) Siehe Jos., bell., VI, $4_{,8}$.

[2]) Ebenda, VII, $2_{,2}$.

[3]) Das sind wohl die ἔργα des Josephus (bell., VI, $9_{,2}$), nämlich die Goldbergwerke, welche Diodor von Sicilien (III, 12) beschreibt.

[4]) Jos., bell., VI, $9_{,2}$.

[5]) Ebenda, VII, $2_{,1}$.

[6]) Nämlich (ebenda, VI, $9_{,3}$) die Gesammtzahl der im Kriege Gefangenen mit 97000 und der bei der Belagerung ums Leben Gekommenen mit 1,100,000. Er nimmt die ungeheure Zahl von 2,700,000 damals in der Stadt anwesenden Juden an. Dieselbe oder annähernd dieselbe Zahl schrieben Euseb. im Chronicon (ed. Schöne, II, 185), Hieronymus (ebenda, II, 159) und das Chronographeion syntomon (ebenda, I., Appendix 4, col. 65) nach.

[7]) Jos., bell., VII, $1_{,2}$.

[8]) Ebenda, VII, $1_{,2}$.

[9]) Jos., bell., VII, $6_{,6}$ und Dio, LXVI, $7_{,2}$. Dass dies eine sehr große Summe war, siehe bei Eckhel, VI, 328. Auf der betreffenden Münze ist der Tempel mit den 3 capitolinischen Gottheiten abgebildet.

[10]) Jos., bell., VII, $1_{,3}$.

[11]) Dies sagt Suet., Tit, 5. Vielleicht finden wir es gerade aus dem Grunde bei Josephus nicht. Die Censur des Werkes durch Titus kann diese Stelle beseitigt haben.

[12]) Jos., bell., VII, $1_{,3}$.

dem Philippi zubenannten, wo er sich längere Zeit aufhielt, die er mit glänzenden Spielen ausfüllte, darunter auch mit solchen zu Ehren des Geburtstages seines Bruders Domitian (25. October).[1]) Im nächsten Monate begab er sich nach Berytos, wo er den Geburtstag seines kaiserlichen Vaters (17. Nov.)[2]) mit allem Glanze durch kostbare Schauspiele feierte.[3]) Und weiter gieng sein Siegeszug durch die Städte Syriens; überall wurde der Sieg mit glänzenden Spielen gefeiert. Bemerkenswert ist sein Besuch der Stadt Antiochia durch die Antwort, die er einer Abordnung der antijüdischen Bewegung daselbst gab, als sie ihn bat, die Juden aus ihrer Stadt auszuweisen. „Wohin soll ich sie weisen?“ sagte er angeblich. „Sie haben kein Vaterland mehr, und sonst nimmt man sie nirgends auf“. Er hielt sich demnach für nicht berufen, gegen den jüdischen Glauben zu kämpfen, sondern begnügte sich damit, die politische Repräsentation der Juden überhaupt vernichtet zu haben.[4]) Um den Glauben selbst konnte es sich nicht handeln, lebte doch Josephus selbst in Rom, ohne seinen Glauben zu ändern, hochgeehrt, indem er im kaiserlichen Palaste wohnen durfte und sogar den kaiserlichen Familiennamen erhielt.[5]) In Zeugma am Euphrat empfieng er eine Gesandtschaft des Partherkönigs Vologaeses, die ihm einen goldenen Kranz brachte. Über die Ruinen von Jerusalem zog er zurück nach Alexandreia in Ägypten.[6]) Hier entließ er die beiden Legionen, die ihm bisher gefolgt waren, in ihre Bestimmungsorte, und zwar die 5. nach Mösien, die 15. nach Pannonien. Die Kriegsgefangenen, die für den Triumph aufbewahrt wurden, schickte er sofort nach Italien. Er selbst beeilte sich bald zu folgen, um durch sein Erscheinen jeden Verdacht gegen seine Person, falls solche Gerüchte auch zu seinem Vater gedrungen sein sollten, zu zerstreuen. Wie bemerkt, hatte man ihn im Verdachte, dass er nach der Herrschaft im Oriente strebe. Sonst ganz nebensächliche und harmlose Dinge wurden aufgebauscht und mussten das Gerede vermehren helfen, so z. B. dass er den Goldkranz des Partherkönigs annahm oder dass er in Memphis bei der Consecrierung des Apis — nach alter Sitte — eine Krone trug.[7]) Und offenbar wusste Titus von diesem Gerüchte, das vielleicht zuerst durch die große Anhänglichkeit des Heeres an den persönlich so liebenswürdigen Titus entstand, denn als er auf der Rückfahrt nach Italien in Argos landete und dort den Apollonius von Tyana besuchte, sagte er, er wolle seinem Vater allezeit unterthan bleiben.[8]) Alle Zweifel waren beseitigt, als man sah, wie herzlich der Empfang von Seiten seines Vaters war, der ihm entgegenzog.[9])

Dass Vespasian den Triumph nicht verschmähte, erscheint als selbstverständlich. War auch der Ausgang des Krieges nie anders zu erwarten gewesen und die ganze Kriegführung der Römer eine ziemlich langsame, so kann man doch den Sieg als einen redlich verdienten bezeichnen.[10]) Vespasian, der sonst auf äußere Formen und auch auf diesen Triumph selbst

---

[1]) Vgl. Suet., Domit., 1.

[2]) Vgl. Suet., Vesp., 2. — Clinton, FR., I, ad ann. 70.

[3]) Jos., bell., VII, $3,_1$.

[4]) Ebenda, VII, $5,_2$. Dasselbe berichtet er von Alexandreia (wahrscheinlich am issischen Meerbusen), Antiqu., XII, $3,_1$.

[5]) Jos., Vita, 75, 76.

[6]) Jos., bell., VII, $5,_2$.

[7]) Suet., Tit., 5.

[8]) Philostratos, vita Apoll. Tyan. (ed. Kayser), VI, 30. Vgl. auch Tillemont a. a. O., II, 77.

[9]) Jos., bell., VII, $5,_3$. Auf die glückliche Rückkehr des Titus wurden ebenso wie im Vorjahre auf die seines Vaters Münzen geprägt, die den „Neptunus redux“ darstellen. Siehe Eckhel, VI, 327 und Cohen, I. 439, Nr. 120.

[10]) Mommsen sagt dagegen (RG., V, 538), dass dieser Triumph „keine hohe Vorstellung von dem kriegerischen Sinne dieser Zeit gebe“.

nicht viel hielt,[1]) hätte bei dem Senate gewiss nicht die Zuerkennung des Triumphes für sich und seinen Sohn[2]) beantragt,[3]) wäre er, ein alter, erprobter Soldat, nicht von der Berechtigung desselben überzeugt gewesen. Und abgesehen davon, dass er hiedurch die Verdienste seines jetzt bereits zum Mitregenten avancierten Sohnes[4]) in sichtbarer Weise ehrte, machte er doch dem Nationalhasse der Römer und überhaupt des Occidentes gegen die Juden ein Zugeständnis. Der Triumph galt nicht so sehr der glücklichen Beendigung eines Krieges als vielmehr der Vernichtung des in Rom so verachteten Judenvolkes. Dass weder Vespasian noch Titus sich den Titel Judaicus beilegten,[5]) erscheint demnach begreiflich.

Der Triumphzug im Frühjahre 71 bewegte sich in gebräuchlicher Weise durch die Theater und zum Capitol, wo nach der Hinrichtung des Simon die Opfer stattfanden. Großes Aufsehen erregten unter den Beutestücken die Schätze des jüdischen Tempels, besonders ein goldener Tisch und der siebenarmige Leuchter. Vespasian stellte sie in dem kurz darauf erbauten Heiligthume der Pax auf. Die Tafel mit den 10 Geboten aber und den Purpurvorhang aus dem Allerheiligsten ließ er sorgfältig in seinem Palaste verwahren.[6]) Dann wurde der Janustempel geschlossen, zum sechstenmale seit Erbauung der Stadt.[7])

Die weitere Geschichte des jüdischen Volkes gehört nicht mehr in den Rahmen dieser Darstellung.

Das, was wir bisher gehört haben, soll Titus selbst auch in Denkwürdigkeiten niedergeschrieben haben, welche Josephus gekannt und benützt hat.[8])

Eines ist merkwürdig, dass wir nämlich keine Münzen aus dem Jahre des Triumphes haben, die auf den jüdischen Krieg Bezug haben. Solche stammen frühestens aus dem Jahre 72 (oder 73), dann aber kommen sie vor bis zum Jahre 80.[9]) Auch der berühmte, heute noch wohlerhaltene Triumphbogen des Titus an der höchsten Stelle der via sacra, dort, wo sie sich gegen W. zu senken beginnt, wurde ihm sogar erst nach seinem Tode gesetzt.[10])

---

[1]) Suet., Vesp., 12.

[2]) Der Senat erkannte jedem einen eigenen zu. Jos., bell., VII, 5_3.

[3]) Vgl. hierüber Mommsen. StR., II_2, 822 u. 849.

[4]) Vgl. Seite 24.

[5]) Dio, LXVI, 7_2.

[6]) Jos., bell., VII, 5_{4-7}.

[7]) Orosius, Hist., VII, 9. Er war seit Augustus geöffnet.

[8]) Das geht hervor aus Jos., Contra Apionem, I, 9, 10. Ich denke, dass es eher Titus gewesen ist als Vespasian, da er eine größere Bildung (besonders in der Schreibkunst; vgl. S. 5) genossen hatte als dieser und den größten Theil des Krieges allein führte.

[9]) Münzen über die Besiegung der Juden („Judaea devicta") bei Eckhel, VI, 326. Aus dem Jahre 71 gibt es nur solche des Vespasian. Die Münzen des Titus für 72 und 73 sind gleich; siehe Eckhel, VI, 352 und 354.

[10]) Seine Inschrift lautet: „Senatus populusque Romanus divo Tito divi Vespasiani f. Vespasiano Augusto" (Orelli 758 = CIL, VI_1, 945). Diese kurze Inschrift, die mit keinem Worte des Sieges über die Juden Erwähnung thut, steht in auffälligem Gegensatze zu dem pompösen Wortlaute einer anderen, die ein angeblich im Circus Maximus dem Titus errichteter Bogen getragen haben soll. Sie lautete nach dem Anonymus Einsidlensis: SPQuR imp. Tito Caesari divi Vespasiani f. Vespasiano Augusto pontif. max. trib. pot. X. imp. XVII. cos. VIII. pp. principi suo quod praeceptis patris consiliisque et auspiciis gentem Judaeorum domuit et urbem Hierosolymam omnibus ante se ducibus regibus aut gentibus frustra petitam aut omnino impetratam delevit" (CJL, VI, 944). Reber meint („Die Ruinen Roms", 399 f.), dass dieser Bogen in Zusammenhang stehe mit den großen Spielen unter Titus; das lässt sich aber durch nichts stützen. Der große Gegensatz zwischen der dem „Gott gewordenen" Titus und der dem noch lebenden — letztere Inschrift weist auf das Jahr 80 oder 81 — gesetzten Inschrift in der Form ihrer Abfassung muss uns letztere, zumal wir sonst nirgends mehr etwas über diesen Bogen erfahren, als sehr unwahrscheinlich und verdächtig erscheinen lassen.

Titus Mitregent und Stellvertreter seines Vaters.

Als Vespasian mit 1. Juli 69 den Principat antrat, erhielt Titus den Titel Caesar und princeps iuventutis.[1]) Letzteres ist nur die Bezeichnung einer Ehrenstellung, mit der keinerlei politische Rechte und Pflichten verbunden sind.[2]) Allein seit seiner Rückkehr nach Rom zum Triumphe im Jahre 71 nimmt er den Rang eines Mitregenten ein, u. zw. in einer ganz exceptionellen Weise. Titus ist zweifellos unter allen Mitregenten des Principates derjenige, der den meisten Antheil an dem reellen Regimente hatte;[3]) sonst war ja diese Stellung ihrem praktischen Werte nach nichts anderes als eine anticipative Festsetzung der Nachfolge.[4]) — Die Einsetzung in die Mitregentschaft erfolgte analog der Competenz des Princeps durch Übertragung einer (secundären) proconsularischen und tribunicischen Gewalt. Die Collegialität war ja schon von Augustus auf diese beiden erstreckt worden.[5]) Titus scheint sie beide doch erst im Jahre 71 erhalten zu haben, vielleicht aber wurde er schon im Jahre 70, noch abwesend, zu dieser Würde designiert.[6]) Die Übertragung der secundären proconsularischen Gewalt erfolgte durch Verleihung des Imperatortitels,[7]) der seit dieser Zeit so recht der officielle Ausdruck für den Besitz der proconsularischen Gewalt wird[8]) und recht eigentlich die fehlende[9]) Titulatur für den Mitregenten ersetzt.[10]) Er führt diesen Titel, indem er an den imperatorischen Acclamationen seines Vaters gleichen Antheil hat,[11]) nur führt er ihn zum Unterschiede vom

---

1) Vgl. S. 13.

2) Mommsen, StR. II_2. 800.

3) Ebenda, 1105.

4) StR. II_2, 1059.

5) Ebenda. 1094 und 1101 f.

6) Dass er beide gleichzeitig erhielt, darüber siehe folgende Seite. Mommsen (StR, II_2, 1101[1]) scheint anzunehmen, dass die Verleihung des Imperatortitels schon im Jahre 70 erfolgte, da Titus schon nach der Eroberung von Jerusalem, wo er von den Soldaten als Imperator begrüßt wurde (Suet., Tit., 5), die Rechte eines Feldherrn, die eigenes imperium erfordern, ausübt, nämlich die Verleihung militärischer Decorationen (Jos., bell., VII, 1_3; Henzen, 6777 = CJL, III. 2917). Darauf würde auch die Stelle des Plinius (Panegyricus, 8) hindeuten: simul filius, simul Caesar, mox (bald nachdem er Caesar geworden) imperator et consors tribuniciae potestatis. Allein nur für das Jahr 71 spricht, dass er auf Münzen aus dem Anfange dieses Jahres „designatus imperator", also designierter Inhaber des proconsularischen Imperiums genannt wird. Dann muss man für die Verleihung der militärischen Decorationen im vorhergehenden Jahre annehmen, dass ihm sein Vater, als er ihn mit der Beendigung des jüdischen Krieges betraute, ein eigenes Imperium verliehen habe, was allerdings sonst nicht vorgekommen zu sein scheint (StR, I, 127). Auch Eckhel scheint dies anzunehmen (VI, 325). Dass dann Titus nach Verleihung des proconsularischen Imperiums im Jahre 71 beim Triumphe dennoch als „Imp. II" in der Liste bei Eckhel (VI, 362) erscheint, ist nichts Merkwürdiges, weil die Verleihung desselben in der Zahl der imperatorischen Acclamationen, deren erste im Jahre 70 war, mitgerechnet wurde (StR, II_2. 1097).

7) Siehe Plin, NH, VII, 162: „imperatores Caesares Vespasiani" und XII, 111.

8) StR., II_2, 1096.

9) Ebenda, 1092.

10) Siehe Orelli, 2008. Vgl. auch StR., II_2. 747[5]. Zugleich hört er auch auf, sich princeps iuventutis zu nennen; denn dieser Titel war mit der Mitregentschaft unvereinbar.

11) Siehe StR., II_2. 1097. Wenn er auf Münzen des Jahres 71 designatus Imperator genannt wird, so zeigt dies ganz deutlich, dass es ein Titel war, den er nicht infolge eigener kriegerischer Erfolge erhielt, sondern eben zur Bezeichnung als Mitregent. Gleichwohl führte er ihn aber so oft, als sich ihn sein Vater auf Grund äußerer Erfolge beilegte. Jeder Sieg erscheint eben nicht nur unter den Auspicien des Princeps allein, sondern auch unter denen des Mitregenten erfochten. Eckhel, VI, 361 ff. hat eine schöne, genau stimmende Liste der imperatorischen Acclamationen des Titus aus den erhaltenen Münzen des Titus und, soweit solche fehlen, aus der gleichzeitigen Führung des Titels auf Münzen seines Vaters zusammengestellt. Titus führt den Titel im ganzen 17mal. Vgl. auch die Titus-Münzen bei Cohen, I, 428—464.

Princeps, der ihn als praenomen setzt, als cognomen.[1]) Dagegen darf er auf den Münzen außer dem auch Domitian verstatteten Lorbeerkranze auch die Strahlenkrone tragen.[2]) Die dem Ansehen nach höhere[3]) tribunicische Gewalt erhielt Titus ausnahmsweise, wie später Trajan, gleichzeitig mit der proconsularischen.[4]) Er trat sie am 1. Juli 71 an.[5]) Durch Übertragung dieser beiden Gewalten war nun allerdings Titus Mitregent, aber seine Thätigkeit als solcher war doch nur zum geringen Theile ein Ausfluss aus der Competenz derselben. Sie waren doch beide nur titularer Natur; die proconsularische Gewalt hatte im allgemeinen überhaupt keine eigene Competenz, außer wenn ein besonderes Mandat des Kaisers hinzutrat, wie es bei Titus der Fall war. Er durfte beim Triumphe die Rechte eines Feldherrn ausüben, die eigenes Imperium erfordern.[6]) Was von der proconsularischen Gewalt, gilt auch von der tribunicischen. Zwar wird wohl auch Titus die mit ihr untrennbar verbundenen Rechte des sacrosancten Schutzes, der Intercession und der Verhandlung mit Volk und Senat besessen haben, natürlich so, dass die gleichartigen Rechte des Kaisers hiedurch nicht beeinträchtigt wurden. Aber die gesetzgebende Gewalt theilte nicht einmal er, der sich sonst einer so exceptionellen Stellung unter den Mitregenten erfreut, mit seinem Vater.[7]) Seine eigentliche Thätigkeit als Mitregent knüpft vielmehr an seine Gardepräfectur an, von der später die Rede sein soll.[8]) Zu der Verbindung der secundären proconsularischen und tribunicischen Gewalt kommen noch zur Vervollständigung des Begriffes der Mitregentschaft die republicanischen Oberämter und Priesterthümer. Titus bekleidet vor allem das Consulat, u. zw. nur das ordentliche, eponyme sechsmal während seiner Mitregentschaft, nämlich in den Jahren 72,[9]) 74,[10]) 75,[11]) 76,[12]) 77[13]) und 79[14]) u. zw. wahrscheinlich mit einer Amtsdauer von 4 Monaten.[15]) Auch in der Censur ist Titus College seines Vaters im Jahre

[1]) StR., II_2, 1096. Siehe auch Schiller, I_2, 508. Wenn Titus dennoch auf Münzen des Jahres 71 diese Bezeichnung als Praenomen führt (Eckhel, VI, 352), so beweist dies entweder, wie Mommsen (StR., II_2, 1096[6]) meint, dass in den ersten Jahren seiner Mitregentschaft, mit der der Gebrauch dieser Benennung aufkam, die Distinction in der Stellung dieses Wortes unter den anderen Namen noch nicht aufgestellt war, oder es liegt ein Irrthum der Münzbeamten vor.

[2]) Eckhel, VIII, 362.

[3]) StR., II_2, 1102.

[4]) Ebenda, 1095 f. Suet., Tit., 6: eidem (patri) collega et in tribunicia potestate et in septem consulatibus fuit. Plin., NH., Praef., 3.

[5]) Siehe hiezu Eckhel, VI, 351. Dies würde nicht gerade ausschließen, dass sie ihm sein Vater doch schon im Vorjahre übertragen hat (Vgl. S. 24, A. 6). Am 1. Juli deshalb, weil auch Vespasian von diesem Tage an, seinem dies imperii (i. J. 69) seine tribunicische Gewalt rechnet, obwohl sie ihm erst am 20. Dec. 69 verliehen wurde. StR., II_2, 774[2], 775[1,2]. Daher erscheint auf den Münzen aus dem Jahre 79, die gerade kurz nach dem Regierungsantritt des Titus, nämlich zwischen 23. Juni und 1 Juli, geprägt sind, noch die trib. pot. VIII, später nur mehr die IX. Vgl. Eckhel, VI, 357 und VIII, 410.

[6]) Vgl. S. 24, A. 6.

[7]) StR., II_2, 1104 ff.

[8]) Vgl. S. 27 f.

[9]) CJL., VI, 2053. Clinton, FR., I, ad ann. Eckhel, VI, 331 und die Münzen 353.

[10]) CJL., VII, 1204. Clinton, FR., I, ad ann. Eckhel, VI, 332, Münzen 354.

[11]) CJL., VI, 2054. Clinton, FR., I, ad ann. Eckhel, VI, 333, Münzen 355.

[12]) CJL., VII, 1205. Scriptores historiae Aug.: Hadriani vita, I, 3. Clinton, FR., I, ad ann. Eckhel, VI, 334, Münzen 355.

[13]) Clinton, FR., I, ad ann. Eckhel, VI, 336, Münzen 355.

[14]) Clinton, FR., I, ad ann. Eckhel, VI, 336, Münzen 356 f. Cohen, I, 452, Nr. 266, 268.

[15]) Vgl. Asbach, Zur Geschichte des Consulates in der römischen Kaiserzeit, in Histor. Untersuchungen, Arnold Schäfer gewidmet, Bonn 1882, S. 201 ff.

73 und 74.[1]) Dies ist nicht ohne Bedeutung. Denn durch dieses Amt nahm er theil an der censorischen lectio senatus, wie sie vielleicht Augustus, gewiss aber Claudius geübt hat. Wahrscheinlich war den Censoren das Recht eingeräumt, die Normalzahlen zu überschreiten, sei es unbeschränkt, sei es bis zu einer gewissen Grenze. So ist uns eine adlectio inter tribunicios und zwei inter praetorios von beiden überliefert. Auf Vorschlag des Vespasian und Titus erhielt weiters ein Senator die ornamenta.[2]) Auch das Recht der Patriciercrëierung üben beide auf Grund ihrer censorischen Gewalt aus.[3]) Desgleichen ist Titus bei der Erweiterung des Pomerium und der Vermessung der Stadtmauer im Jahre 74 als Censor mitbetheiligt,[4]) und wohl nur als gleichzeitiger Censor erscheint Titus auch als Mitedicent des latinischen Rechtes für die Spanier gelegentlich der Reichsschätzung im Jahre 74.[5]) Das war die letzte Censur, die uns in der römischen Geschichte überliefert wird. Titus restituiert zwar den Censortitel noch auf Münzen der Jahre 77 und 78,[6]) allein damit nähert er sich schon mehr der kaiserlichen Titulatur,[7]) wie ihn Titus als Kaiser auch vielfach geführt hat.[8]) Domitian übernahm dann diesen Titel, den vor den Flaviern unter den Kaisern nur Claudius führte,[9]) auf Lebenszeit.[10])

---

[1]) Censorinus, de die natali, 18,$_{14}$: lustrum ab imperatore Vespasiano V. T. Caesare III. cos. factum est. (f. d. Jahr 74). Plin., NH., III, 66 (f. d. Jahr 73), VII, 162. Ebenda, praef., 2: triumphalis et censorius tu. Suet., Vesp., 8, Tit., 6. Script. hist. Aug., Capitolini vita Marci, 1,$_2$, Mommsen (StR., II$_1$, 326^3) nennt nur die Jahre 73 und 74, ebenso Clinton, FR., I, ad ann. und FH., III, 456–458. Eckhel, in der irrigen Voraussetzung eines vierjährigen Lustrums, meint, sie hätten diesen Titel auch 71 und 72 geführt, indem er auf das Jahr 71 aus der Titelführung im Jahre 72 schließt, obgleich er an derselben Stelle (VI. 332 f. und 353 f.) sagt, dass man mit Ausnahme einer einzigen Münze keine mit Bestimmtheit auf das Jahr 72 beziehen könne, da sie gleich denen des Jahres 73 sind. (Eine, die bestimmt aus dem Jahre 73 ist, wegen „Imp. IIII", bei Cohen, I. 432, Nr. 40.) Carl von Boer glaubt in seinen Fasti censorii, wo auch eine Zusammenstellung der inschriftlichen Belege (S. 33), dass 71 nicht in Betracht kommen könne, sondern dass Vespasian und Titus den Censortitel nur 18 Monate führten, nämlich Ende 72, das ganze Jahr 73 und Anfang 74 (ebenda 99 f.). Dagegen behauptet Mommsen (StR., II$_1$, 341^1), an eine Erstreckung der Amtszeit auf 3 Jahre könne nicht gedacht werden.

[2]) Die Stellen bei Mommsen, StR., II$_2$, 899^4; siehe auch II$_1$, 418 und II$_2$, 900^7.

[3]) Capitolini vita Marci Antonini 1,$_2$ (Script. hist. Aug.): avus Annius Verus adscitus in patricios a Vespasiano et Tito censoribus.

[4]) CJL., VI, 1232. Zwar weist Mommsen (StR., II$_2$. 1025^3) den Gedanken zurück, dass das Recht der Prolation des Pomerium mit der Censur verbunden gewesen sei, aber er befindet sich hier im Widerspruche mit sich selbst. Denn er sagt (StR., II$_2$, 953): „Die wichtigste aller Terminationen, die des Pomerium, ist sogar den Censoren vorbehalten geblieben, so lang es deren gab" und an anderer Stelle (II$_1$, 434) von der Grenzbestimmung der Stadtmauer: „Bis in die späteste Zeit der Censur ist dies als ein eminent censorisches Geschäft betrachtet worden" und ebenda, A. 1 heißt es ausdrücklich: „Es kann nicht Zufall sein, dass es von Kaiser Claudius und von Vespasian und Titus aus dem Jahre 74, und nur von diesen, Terminalsteine des Pomerium gibt. Der letztere ist augenscheinlich von den Regenten als Censoren gesetzt, wie denn auch die damit zusammenhängende Vermessung der Stadtmauer und der städtischen Straßen auf ihre Censur zurückgeführt wird (Plin., NH., III, 66)." Die Daten über die einzelnen Pomeriumerweiterungen und die Wiederherstellung durch Hadrian sind nicht voneinander zu trennen (Jordan, Topographie der Stadt Rom im Alterthum, I, 323 ff.).

[5]) StR., II$_2$, 868^1. Siehe auch Mommsen, RG, V, 62.

[6]) Eckhel, VI, 355 f., 363.

[7]) StR., II$_2$, 757.

[8]) Siehe für 79 (nach dem Regierungsantritt): Orelli, I, 53. 752; CJL, VI, 942; für das Jahr 80: Orelli, III, 5428. 6913; CJL., III, 318, IX, 5936; CJG., III, add. 4300 w; für 81: Orelli, I, 56; CJL., X, 1481; CJG., III, 5809 (nach meiner Ansicht gehört diese wegen der „imp. XV" ins vorhergehende Jahr).

[9]) StR., II$_2$, 761.

[10]) Dio, LXVII, 4,$_3$.

Wie die Mitregenten meist, erhielt auch Titus die Mitgliedschaft sämmtlicher großen Priesterthümer, wenn dies nicht schon an die Cäsarenernennung anknüpfte,[1]) d. i. des Pontificats,[2]) Augurats, Quindecimvirats und Epulonats.[3]) Außerdem aber wurde er auf kaiserliche Empfehlung, wie es Usus war, in die zu Ehren der vergötterten Kaiser gegründeten Priesterschaften aufgenommen, so in die Sodalität der Augustalen, wobei für ihn sogar eine neue (die 28.) Stelle geschaffen wurde, die aber nach seinem Tode wieder wegfiel; auch der Sodalität der Arvalbrüder gehörte er an, doch theilte er gerade diese Mitgliedschaft insgesammt mit seinem jüngeren Bruder, der hiedurch eine Ausnahmsstellung einnimmt.[4]) Aber außer diesen dem Mitregenten mehr oder weniger gewöhnlichen Ehren, obwohl sie Titus gewiss in größerem Maße zutheil wurden, verlieh ihm sein Vater noch einige besondere Auszeichnungen, so vor allem die Aufnahme in die regelmäßigen Jahresgelübde, die sonst keinem Mitregenten, sondern nach Vespasian nur dem Domitian von seinem kaiserlichen Bruder verstattet wurde,[5]) ferner das kaiserliche Vorrecht des Tragsessels.[6])

Wie schon erwähnt, knüpft seine eigentliche Thätigkeit als Mitregent an die Gardepräfectur an, die ihm sein Vater im Jahre 71 übertrug.[7]) Er wurde in dieser Stellung Nachfolger seines Schwagers M. Arrecinus Clemens,[8]) der erst im vorhergehenden Jahre statt des zum Getreidepräfecten degradierten Arrius Varus das Gardecommando bekommen hatte.[9]) Warum jener nach so kurzer Amtsthätigkeit schon dem kaiserlichen Prinzen weichen musste, wird nicht gesagt. Wahrscheinlich waren es nur Utilitätsgründe, die Vespasian veranlassten, dieses wichtige Amt seinem Sohne und Mitregenten, dem er sein volles Vertrauen schenken durfte, zu übergeben. Denn die Gardepräfectur war sicherlich die einflussreichste Stellung im ganzen Reiche.[10]) Seiner ursprünglichen Natur nach war das Gardecommando ein militärisches Amt,[11]) nämlich der unmittelbare Befehl über die hauptstädtische Gardetruppe. Schon dadurch, dass in dieser das Obercommando über die ganze römische Militärgewalt, deren Einheitlichkeit ja die Grundlage des Imperiums bildet, zum Ausdrucke kommt, erscheint der Gardepräfect, der höchste der im Hauptquartier anwesenden Offiziere, als der geborene Stellvertreter des Kaisers. Außerordentliche Beschlüsse des letzteren, welche keinen Aufschub erlitten, vollzog der Gardepräfect.[12]) Dieses gleichsam nicht selbständige Handeln war doch der Anfang einer Stellvertretung des Kaisers auch in der Criminal- und Civiljurisdiction. Offenbar war Titus als

---

[1]) StR., II_2, 1086.

[2]) Eckhel. VI, 352. Cohen. I. 429.

[3]) StR., II_2. 796, 1108 f., 1050^4, 1055^5.

[4]) Vgl. die Belege in der vorhergehenden Anmerk. und Henzen. Acta arvalia.

[5]) St.R., II_2, 799 und 1094.

[6]) Suet., Dom., 2: sellamque eius (patris) ac fratris, quotiens prodirent, lectica sequebatur. StR, II_2, 797.

[7]) Suet., Tit., 6, Aur. Vict., Caes., X, 10 u. die sogenannten Epit. des Aur. Vict., X, 4. Plin., NH, praef., 3.

[8]) Vgl. S. 5, A. 9 und Hirschfeld, VG, I, 222 f. Wenn Suet. a. a. O. und mit ihm Eckhel, VI, 351 behauptet, dass dieses Amt bis zu dieser Zeit noch von niemand anderem als einem römischen Ritter bekleidet worden sei, so stimmt dies gerade für den unmittelbaren Vorgänger des Titus nicht, welcher Senator war. Tacitus sagt von ihm ausdrücklich (Hist., IV, 68): quamquam senatorii ordinis.

[9]) Tac., a. a. O. u. IV, 2.

[10]) Aur. Victor sagt (Caes., IX, 10, 11): moxque victorem praefectura praetorio extulerat. unde etiam honos is, ingens a principio tumidior atque alter ab Augusto imperio fuit.

[11]) Vgl. darüber StR., II_2, 1058--1066.

[12]) Vgl. den Fall Caecina (folgende Seite).

Gardepräfect auch Mitglied des kaiserlichen Consiliums,[1]) dem er übrigens schon als ältester Sohn des Regenten beigezogen worden wäre.[2]) Für diesen wichtigen Posten nun hatte Vespasian in seinem Sohne gewiss den richtigen Mann gefunden. Die durchaus selbständige, unabhängige Art, wie Titus das Gardecommando führte, erweist dies. Es ist uns ein einziger Fall überliefert, in welchem er in jener Eigenschaft handelnd hervortrat, und gerade dieser Fall hat ihm — mit Unrecht — den Vorwurf eingetragen, dass er von seinem Amte gar zu strengen Gebrauch gemacht habe.[3]) Es handelte sich damals um eine — und zugleich die einzige uns bekannte — jener Verschwörungen gegen Vespasian, die Sueton erwähnt,[4]) wie sie vom alten Adel des Senates und der Ritterschaft, wohl meist von den durch Vespasian Ausgestoßenen, angezettelt wurden.[5])

Die Verschworenen waren ein gewisser Marcellus und der frühere Vitellianische Legat A. Caecina Alienus.[6]) Das Complott wurde durch ein die Betreffenden sehr stark compromittierendes Schriftstück — es galt, eine Meuterei unter den Soldaten anzustiften[7]) — entdeckt, und anscheinend in der Nacht, die dem zur Ausführung bestimmten Tage vorangieng, Caecina beim Verlassen des kaiserlichen Mahles, dem er beigezogen worden war, auf Befehl des Titus niedergestoßen. Marcellus, der offenbar beim Mahle nicht zugegen war und erst später vom Senate verurtheilt wurde, gab sich selbst den Tod. Es war zwar ein etwas despotischer Act, aber doch immerhin an der Zeit und ein Gebot der Nothwendigkeit, den Verschwörer, der bei den Soldaten sich großer Beliebtheit erfreute[8]) und immer gerne zu Verrath neigte,[9]) unschädlich zu machen; hatte doch Vespasian ihn und seinen Mitverschworenen für seine besten Freunde gehalten und sie mit großen Ehren ausgestattet.[10]) Titus hat seinen Wirkungskreis durch diese allerdings etwas grausame Handlung, die ja seinem Vater vielleicht das Leben rettete, in der That nicht überschritten, denn er handelte in dem, vielleicht sogar ad hoc gegebenen Auftrage des Kaisers.[11]) Ob er in anderen

---

[1]) StR., II_2, 949 f. Darauf deutet die Stelle Suetons (Tit., 7): praemiari solitum in cognitionibus patris.

[2]) Wie z. B. Drusus von Tiberius. Dio, LVII, 7.

[3]) Suet., Tit., 6: „egitque aliquanto incivilius et violentius“ und „ad praesens plurimum contraxit invidiae“.

[4]) Suet., Vesp., 25.

[5]) Vgl. Duruy, a. a. O., II, 122. Am besten und wahrscheinlichsten ist die Sache bei Dio (LXVI, $16_{3\text{ u. }4}$), kürzer bei Sueton (Tit., 6) dargestellt. Die Epitome des Aur. Victor, die sonst hier großentheils wörtlich, dem Sueton folgen, geben einen anderen, ganz unwahrscheinlichen Grund für die Beseitigung des Caecina an, nämlich „ob suspicionem stupratae Berenicis, uxoris suae“ ($X,_4$), was Berenice doch gar nie war.

[6]) Dio (a. a. O.) und Tacitus (Hist., I, 52) nennen ihn ohne den Vornamen Aulus, Sueton (a. a. O.) nennt ihn nur Aulus Caecina.

[7]) Suet., a. a. O.: sane urguente discrimine, cum etiam chirographum eius praeparatae apud milites contionis deprehendisset.

[8]) Tac., Hist., II, 30.

[9]) Ebenda, I, 53; II. 90.

[10]) Dio, a. a. O. Dio gibt aus dem Grunde Titus vollständig recht, indem er hinzufügt: οὕτω που τοὺς φύσει κακοὺς οὐδ' αἱ εὐεργεσίαι νικῶσιν, ὁπότε κἀκεῖναι τῷ τοσαῦτα εὐεργετηκότι σφᾶς ἐπεβούλευσαν.

[11]) Schiller (a. a. O., I_2, 518) sagt: „Die Acte der Cabinetsjustiz des Vaters wurden dem Sohne zur Last gelegt.“

Fällen wirklich allzu willkürlich vorgegangen sei[1]) oder gar sein Amt zur eigenen Bereicherung missbrauchte, indem er seine Stimme bei Rechtsprüchen seines Vaters verschacherte,[2]) lässt sich nicht beweisen. Jedenfalls war er von den bisherigen Gardepräfecten derjenige, welcher einmal als Sohn und dann als Mitregent des regierenden Kaisers wirklich Stellvertreter desselben genannt werden kann. So dictierte er Briefe in Namen seines Vaters, edicierte statt desselben und verlas Anträge des Kaisers im Senate, was sonst (in Anwesenheit des Kaisers) ein Quästor that.[3]) Kurz vermöge seiner combinierten Gewalt hatte er fast an allen Regierungsgeschäften seines Vaters Antheil, dem er eine Stütze des Reiches wurde,[4]) und die Bedeutung seiner Stellung kennzeichnet am besten das Wort des ihn bewundernden Plinius des Älteren, der ihn im Jahre 77,[5]) als er ihm seine Naturgeschichte dedicierte, „auf die erhabenste Stufe des menschlichen Geschlechtes gestellt“ nennt.[6]) Allein was Titus in dieser hohen Stellung gewirkt hat, darüber schweigen unsere meist Anekdoten bietenden Quellen, und die Historien des Tacitus brechen leider gerade in der Mitte des Jahres 70 ab. Das einzige, was wir außer dem wenigen bereits Gesagten über Titus' Thätigkeit bis zum Tode Vespasians wissen, ist, dass er im Jahre 73 mit seinem Bruder die Stelle eines hohen Gemeindebeamten, eines Quatuorvir in Interamna am Liris einnimmt, eine Stellung, wie sie gewöhnlich Descendenten des kaiserlichen Hauses vorbehalten wurde.[7])

Was wir sonst über die Zeit seiner Mitregentschaft erfahren, bezieht sich auf das Privatleben. Und was wir über dieses hören, ist nicht das Beste. Da erscheint uns die zukünftige „Zierde des Menschengeschlechtes“ als ein den Vergnügungen und Genüssen der Hauptstadt etwas übermäßig hingegebener Mann, der ganze Nächte bei voller Tafel schwelgte und in höchst anstößiger Gesellschaft verkehrte.[8]) Zu dem öffentlichen Tadel, den ihm ein solches Leben eintrug, das so ganz im Gegensatz zu der überaus einfachen, ja knickerischen Lebensweise seines Vaters stand, trug sicherlich nicht wenig sein Verhältnis zu der jüdischen Fürstin Berenice bei, die ihm nach Beendigung des jüdischen Krieges mit ihrem Bruder nach Rom gefolgt war. Sie lebte hier im kaiserlichen Palaste im intimsten Verkehr mit dem

---

[1]) Suetons Worte (a. a. O.) lauten: siquidem suspectissimum quemque sibi summissis, qui per theatra et castra quasi consensu ad poenam deposcerent, haud cunctanter oppressit. Das klingt eher wie Klatsch der Stadtbevölkerung, entsprungen dem Bemühen, dem in seinem Privatleben übel beleumundeten Prinzen auch in seiner amtlichen Stellung, in der er sich so tüchtig bewährte, Willkürlichkeiten anzudichten. Und sollte er wirklich in so rücksichtsloser Weise vorgegangen sein, so ist immer zu bedenken, dass er es im Auftrage seines kaiserlichen Vaters gethan haben mag, dessen Vollzugsorgan er war.

[2]) Auch das steht bei Sueton (Tit., 7): suspecta rapacitas, quod constabat in cognitionibus patris nundinari praemiarique solitum. Das ist ein so schwerer Vorwurf, dass man ihm nicht unbedingt Glauben schenken kann. Es erweckt den Anschein, als suchte Sueton den kaiserlichen Prinzen in den schwärzesten Farben zu zeichnen, um ihn dann, nachdem er selbst den Principat innehat, in desto heller strahlender Glorie erscheinen zu lassen. Der unbekannte Verfasser der sogenannten Epitome des Aurelius Victor folgt hier mit Ausnahme der Seite 28, A. 5 citierten Stelle ziemlich wörtlich, nur manchmal ein oder das andere erklärende Wort hinzufügend, dem Sueton (vgl. Aur. Vict., Epit., X., 3 f.).

[3]) Suet., Tit., 6. StR., II_2, 861 f. Botschaften verlas in Abwesenheit des Kaisers auch manchmal Domitian (Dio, LXVI, 10_6).

[4]) Suet., Tit., 6: „neque ex eo destitit participem atque tutorem imperii agere“ und „receptaque ad se prope omnium officiorum cura“.

[5]) Das geht hervor aus Plin, NH., praef., 2. Clinton, FR., I, ad ann.

[6]) Plin, ebenda, 11: in excelsissimo generis humani fastigio positum.

[7]) StR., II_2, 801,[3], wo auch die Inschrift citiert ist.

[8]) Suet., Tit., 7.

Prinzen ganz wie seine angetraute Gattin.[1]) Die Ehe wird er ihr kaum versprochen haben.[2]) Das wird einfach Klatsch der hauptstädtischen Menge gewesen sein, bei der diese Liebschaft ihres zukünftigen Herrschers umsomehr böses Blut machte, als Titus sich von einer vornehmen Römerin getrennt hatte.[3]) So wenig Titus durch seine Abstammung eigentlicher Römer war, dürfte er sich doch nicht so weit vergessen haben, gegen Traditionen des Volkes, zu dessen Herrschaft er berufen war, so arg zu verstoßen. Es ist nicht unmöglich, dass auch viele andere Vorwürfe, die ihm gemacht wurden, so seine Habsucht und Bestechlichkeit, seine in Ausführung väterlicher Befehle bewiesene despotische Strenge u. a. m. großentheils auf Rechnung des tiefen Unwillens der römischen Bevölkerung über das Verhältnis des Prinzen zu einer Angehörigen des den Römern so verhassten, eben durch einen reinen Vernichtungskrieg aufgeriebenen Volkes zu setzen sind, einer Erregung, die sich in ziemlich unverblümter Weise Luft machte.[4]) Es ist daher und bei seiner sonstigen politischen Klugheit und bei seinem ausgesprochenen dynastischen Gefühle höchst wahrscheinlich, dass er schon viel früher, ehe er noch den Principat antrat, etwa im Jahre 75 den Gegenstand allgemeinen Hasses entließ.[5]) Gleichwohl muss sich die Erregung des in seinen nationalen Anschauungen gekränkten Volkes nicht so bald gelegt haben, denn die öffentliche Meinung blieb ihm bis zu seinem Regierungsantritt ziemlich ungünstig,[6]) nannte ihn doch der Volksmund schon einen zweiten Nero.[7]) Indes mag er auch, als er sich so plötzlich über alle Menschen erhoben sah,[8]) als kaiserlicher Prinz und Stellvertreter der höchsten Gewalt es etwas toll getrieben haben,[9]) den edlen Kern des Mannes vermochte auch diese Lebensweise nicht zu ertödten, und ich finde hiefür keinen glänzenderen Beweis, als dass ein Gelehrter von dem Range eines Plinius ihm seine „Naturgeschichte" widmete. Das setzt nicht nur die von dem Verfasser derselben in so überschwenglicher Weise gerühmten Geistesgaben[10]) des Titus, sondern wohl auch eine nicht übermäßig wüste Lebensweise desselben voraus, die eventuell den Gelehrten veranlasst hätte, sein

---

[1]) Dio, LXVI, $15_{,3\cdot4}$.

[2]) Das sagt Suet., Tit., 7 und die sogenannten Epitome des Aur. Vict. (X., 7): nuptias suas sperantem.

[3]) Nämlich von der Marcia Furnilla; vgl. hierüber Seite 6.

[4]) So trat einmal ein Cyniker namens Diogenes im Theater vor das Publicum mit Schmähungen gegen Titus wegen seiner Liebschaft. Er wurde hiefür gezüchtigt. Wäre Titus so grausam gewesen, wie er geschildert wird, so hätte er ihn doch umbringen lassen. Erst als ein zweiter namens Heras dasselbe in noch viel gemeinerer Weise that, musste es dieser mit dem Kopfe büßen. Dio, LXVI, $15_{,5}$.

[5]) Duruy, II, 131[1] meint, 5 Jahre vor seinem Regierungsantritt. — Dass sie die Stadt schon ziemlich lange vor seinem Principate verließ, darauf weist die Stelle bei Dio (LXVI, $18_{,1}$) hin, wo es heißt, dass sie bei des Titus Regierungsantritt wieder nach Rom zurückgekehrt sei, allein es habe ihr nichts genützt, denn „Titus blieb verständig" und die Stelle $15_{,4}$ lässt schließen, dass er sie vielleicht im Jahre 75 entließ. Sueton dagegen berichtet (Tit., 7), dass die Trennung von Berenice erst bei Übernahme des Principates erfolgte, u. zw. entließ er sie „invitus invitam". Übrigens muss sie im Jahre 79 schon über 50 Jahre alt gewesen sein, ein Alter, in dem nicht bloß eine Orientalin über die Blüte längst hinaus ist.

[6]) Suet., Tit., 1: privatus atque etiam sub patre principe ne odio quidem, nedum vituperatione publica caruit.

[7]) Suet., Tit., 7 und darnach Aur. Vict., Epit., X, 5.

[8]) Vgl. das S. 29, A. 6 citierte Wort des Plinius.

[9]) Tac., Hist., II, 2 sagt nur: laetam voluptatibus adulescentiam egit, suo quam patris imperio moderatior. Das ist ein sehr mildes Urtheil, dem wir glauben dürfen.

[10]) NH., praef., 5: fulgurat in nullo unquam verius dicta vis eloquentiae tribuniciae potestatis facundiae. Quanto tu ore patris laudes tonas! quanto fratris famas! quantus in poëtica es! o magna fecunditas animi! etc.

Werk Vespasian selbst zu widmen,[1]) und überdies stellt Plinius ihm selbst das Zeugnis aus, dass ihn seine hohe Stellung nicht übermüthig gemacht habe.[2]) Und dass von der natürlichen edlen Charakteranlage nichts verloren gegangen war, das zeigte sich, als Titus den Principat in seine eigenen Hände übernahm.

Titus als Kaiser.

Am 23. Juni 79 starb Vespasian in einem Alter von $69\,^1/_2$ Jahren.[3]) Man munkelte von einer Vergiftung — hatte man doch seit dem Begründer des Principats keinen Herrscher eines natürlichen Todes sterben sehen oder wenigstens nicht daran geglaubt — und verdächtigte sogar den Titus der Mitschuld. Es wird wohl auch hier die schon besprochene Unzufriedenheit des Volkes mit seinem zukünftigen Kaiser gewesen sein, die eine solche Verdächtigung, von der Titus gewiss freizusprechen ist, erzeugte, eine Verdächtigung, an deren Berechtigung sogar Kaiser Hadrian glaubte.[4]) Mit dem Principate übernahm Titus gleichzeitig den Oberpontificat,[5]) den Titel „Vater des Vaterlandes" dagegen etwas später. Auch den Censortitel führt er während seiner Regierung.[6])

Dass Domitian seinem Bruder große Schwierigkeiten in den Weg legte, indem er öffentlich behauptete, sein Vater habe ihn zugleich mit Titus als Erben eingesetzt und das Testament sei gefälscht worden, das ist einigermaßen erklärlich. Vespasian hatte seinen zweiten Sohn in äußeren Dingen dem älteren, zur Mitregentschaft und Gardepräfectur berufenen formell ziemlich gleichgestellt. Domitian war wie sein hochgestellter Bruder Mitglied sämmtlicher großer Priesterthümer, er hatte das Recht, auf den Münzen den Lorbeerkranz zu führen, ja er wird auf Bauten aus der Zeit des Vespasian und Titus als Miturheber angeführt.[7]) Als er sich dann bei dem Tode des Vaters von der Herrschaft ausgeschlossen fand, war er sehr erbittert und enttäuscht,[8]) und er überlegte lange, ob er den Soldaten nicht vielleicht das Doppelte des von seinem Bruder gezahlten Donativs geben sollte.[9]) Und seit seinem Regierungsantritte hatte der neue Kaiser unter den Intriguen seines Bruders zu leiden. Er wiegelte die Armee auf, dachte auch daran, die Hauptstadt zu verlassen. Dennoch hat Titus seinen Bruder keiner seiner Würden entkleidet, sondern er stellte ihm oft unter vier Augen das Unrecht seiner Gesinnung gegen ihn vor und betheuerte, dass er ihn seit dem ersten Tage seines Principates als „Genossen und Nach-

---

[1]) Von ihm sagt doch Plin. (NH., II, 117): tam gaudente proventu rerum artiumque principe.

[2]) Ebenda, praef., 3: nec quicquam in te mutavit fortunae amplitudo, nisi ut prodesse tantundem posses quam velles.

[3]) Genau 69 Jahre, 7 Monate, 7 Tage. Suet., Vesp., 24.

[4]) Siehe darüber Dio, LXVI, $17_{,1}$.

[5]) Das wird bezeugt durch eine unmittelbar bei der Succession geprägte Münze, die ihn schon Augustus und Pontifex maximus nennt, aber den Imperatortitel noch an die alte Stelle setzt, nämlich als cognomen. (Eckhel, VI, 357.) Das ist sehr merkwürdig, denn gewöhnlich haben die Kaiser des ersten Jahrhunderts (so auch die beiden anderen flavischen Kaiser), den Oberpontificat erst einige Zeit nach dem Regierungsantritt übernommen (StR., II_2, 1052 f.).

[6]) Vgl. S. 26.

[7]) StR., II_2, 796; zu den dort angeführten Stellen vgl. noch Ephem. epigr., IV, 96.

[8]) Die „Sammtherrschaft" zweier Augusti wäre nicht gerade unmöglich gewesen; denn formell war die wirkliche Monarchie nicht sicher gestellt. Vgl. StR., II_2, 1109 f.

[9]) Suet., Dom., 2.

folger in der Herrschaft" betrachte.[1]) Wie er es in Wirklichkeit damit hielt, werden wir noch sehen.[2]) Aber in dem Augenblicke, da Titus den Principat übernahm, hatte Domitian noch keine Ursache, seinem Bruder zu zürnen. Ehe Vespasian im Jahre 69 Alexandreia verließ und nach Rom gieng, soll ihn Titus gebeten haben, seinem jüngeren Bruder in Rom, über den schlimme Nachrichten gekommen waren, ohne vorgefasste Meinung entgegenzutreten und sich versöhnlich zu zeigen.[3]) Es wäre eine gar zu naive Auffassung, solche Sinnesart nur aus Bruderliebe zu erklären, zumal diese nicht besonders groß gewesen zu sein scheint.[4]) Titus beseelt ein ausgesprochen dynastisches Gefühl. Dieses lässt ihn seinem Bruder so milde gegenübertreten, dass er seinen Vater um Versöhnlichkeit ersucht, dass er, um seinem Bruder eine angesehene Stellung zu verschaffen, für das von Vespasian ihm selbst bestimmte ordentliche Consulat des Jahres 73 den Domitian empfahl, der bisher nur Consulate zweiter Ordnung bekleidet hatte.[5]) Der Friede im kaiserlichen Hause musste gewahrt werden, um die Dynastie einerseits nicht zu gefährden, anderseits in Ansehen zu erhalten. Dieser Gedanke kommt mehrfach auch auf Münzen zum Ausdrucke.[6]) Um das Ansehen der neuen Dynastie zu erhöhen, musste der Begründer derselben auch unter die Götter erhoben werden,[7]) seit Augustus erst der zweite Fall.[8]) Dieses dynastische Gefühl ist bei Titus viel ausgeprägter als bei seinem Vater. Letzterer, ein Feind aller Titel und übermäßigen Ehrungen, lachte alle aus, die seiner Familie göttlichen Ursprung nachweisen zu müssen glaubten,[9]) und als er seinen Tod herannahen fühlte, witzelte er über seine bevorstehende Verwandlung in einen Gott.[10]) Jetzt geschah dies aber in allem Ernste, und analog der bestehenden Sodalität der Augustalen gründete Titus eine neue der Flavialen, denen der Cult des Gott gewordenen Begründers der neuen Dynastie oblag.[11]) Auch sonst verlieh Titus seinem Hause

---

[1]) Suet., Tit., 9.

[2]) Vgl. S. 33 f.

[3]) Tac., Hist., IV, 51 f.

[4]) Denn ein gewisser Julius Bassus fürchtete den Titus, weil er (Bassus) ein Freund des Domitian war (Plin., Epist., ed. Keil, IV, $9_{,1,2}$). Dennoch meine ich, man bringe für die besondere Güte des Titus einen schlechten Beweis, wenn man soweit geht, mit Dio (LXVI, $26_{,4}$) anzunehmen, dass er, als er sich dem Tode bereits nahe fühlte, es bereut habe, seinen Bruder nicht umgebracht zu haben, wie dies Steinwenter a. a. O., 58 thut. Diese Anekdote — mehr kann ja die Erzählung Dios nicht sein — gibt wohl nur den Empfindungen des Volkes Ausdruck, das, als es Domitians Regiment zu kosten bekam, wohl gewünscht haben mag, dass Titus ihn beseitigt hätte.

[5]) Suet., Dom., 2: in sex consulatibus nonnisi unum ordinarium gessit, eumque cedente ac suffragante fratre. Vgl. auch StR., II_2, 1042^3. Siehe auch Clinton, FR., I, ad ann. Eckhel, VI, 332. Es war dasselbe Jahr, in dem die Brüder Quatuorviri in Interamna am Liris waren (vgl. S. 29).

[6]) So zeigt eine Münze aus dem Jahre 71 (Eckhel, VI, 329) auf der Reversseite eine „Tutela Augusta", dargestellt als sitzende Frauengestalt, welche die Hände über die zu ihren Seiten stehenden Söhne des Vespasian ausstreckt. Auf einer anderen (Cohen, I, 442, Nr. 151) zeigt die Reversseite mit der Umschrift „Pietas Augusta" die Domitilla zwischen ihren beiden Brüdern, die, jeder ein Scepter tragend, einander die Hände reichen.

[7]) Das geschah auf Antrag des Titus durch ein Senatsconsult. Das beweist das „ex s. c." auf den Consecrationsmünzen (bei Eckhel, VI, 338). Vgl. auch StR., II_2, 850^1. Plin. der Jüngere gibt in der tendenziösen Gegenüberstellung der Motive, die Titus und Trajan bei der Consecration ihres Vaters leiteten, für ersteren wohl nicht unrichtig an: ut dei filius videretur (Pan. ad Tr., 11).

[8]) Vor Vespasian nur Claudius.

[9]) Suet., Vesp., 12.

[10]) Ebenda, 23

[11]) Offenbar war sie eingerichtet wie die der Augustalen. Über ihre Zahl haben wir keine Nachrichten. Vgl. StV., III, 451.

mehrfach Auszeichnungen, die bisher nicht vorgekommen oder wenigstens nicht gewöhnlich waren. Zu diesen gehört einmal die Ausdehnung des Bildnisrechtes auf die Mitglieder des kaiserlichen Hauses. Er beließ dasselbe nicht nur seinem Bruder Domitian, der es mit ihm schon unter Vespasian besessen hatte, sondern gewährte es auch seiner Tochter Julia. Auf diese Weise machte er, was bisher politischen Charakter hatte, zu einer speciellen Auszeichnung des ganzen Kaiserhauses.[1]) Auch die Verleihung des Augusta-Titels an eben diese Dame nach dem Muster seines Vaters ist eine solche.[2]) Aber von größerer Bedeutung als dies ist die Ausdehnung der Formel der Jahresgelübde auf das ganze kaiserliche Haus. Im Jahre 81 erscheinen in den Gelübden der Arvalbrüder zuerst neben Titus, Domitian und Julia auch die (zukünftigen) Kinder derselben, und es ist ausdrücklich von der „domus“ derselben die Rede, für deren Heil gefleht wird.[3]) Seit dieser Zeit bleibt die Formel auf das kaiserliche Haus ausgedehnt.[4]) Wie sehr aber Titus von diesem dynastischen Gefühle, das in dem eben Angeführten überall zum Ausdrucke kommt, durchdrungen war, das sprach er selbst aus, als er zwei des Hochverrathes überwiesene Patricier straflos entließ. „Principatum fato dari! Der Principat ist ein Geschenk des Fatums“:[5]) Das Fatum bringt eine Dynastie zur Herrschaft, und dieser gehört sie auch. Verschwörungen gegen eine solche von der höchsten Gewalt zur Herrschaft berufene Dynastie sind daher nicht nur ein großes Verbrechen, sondern sie sind auch zugleich unnütz.[6]) Das ist eine den Römern fremde Anschauung;[7]) denn einen erblichen Anspruch auf die Herrschaft kannte das Staatsrecht der römischen Kaiserzeit nicht. Freilich hat sich schon mit dem Beginn des Principates durch die Art und Weise, wie diese Regierungsform überhaupt entstand, ein dynastisches Element entwickelt,[8]) doch nie so eminent, wie dies bei den Flaviern und eben namentlich bei Titus der Fall war. Nur in einem Falle könnte es auf den ersten Anblick den Anschein gewinnen, als hätte Titus während seiner Regierung dieses dynastische Gefühl ganz verleugnet, wenn man nämlich betrachtet, wie er seinen Bruder nach dem Regierungsantritt behandelte. Wir hörten nach Suetons Worten, dass er wiederholt versicherte, er betrachte Domitian als Genossen und Nachfolger in der Herrschaft.[9]) Und welcher Gegensatz in der Wirklichkeit! Domitian war bis zu seines Bruders Tode nicht mehr als zur Zeit, da dieser den Principat übernahm, nämlich Caesar und princeps juventutis.[10]) Mit einem einzigen ordentlichen Consulate wurde der als consors imperii bezeichnete

---

[1]) Vgl. StR., II_2, 804 u. Eckhel, VI, 365 f. Auch Domitian gewährte es der Julia sowie seiner Gattin Domitilla.

[2]) Wenn Schiller meint (a. a. O., I_2, 518), dass sich in dieser Verleihung des Augustatitels an Julia zeige, „wie sehr Titus den Traditionen des früheren Kaiserhauses anhieng, an dessen Hof er erzogen“, da Nero dies zuerst gethan, so irrt er, denn auch Vespasian verlieh ihn seiner Tochter Domitilla, allerdings erst nach ihrem Tode, vermuthlich zugleich mit ihrer Consecration. Vgl. StR., II_2, 794^7. Eckhel. VI, 365 f.

[3]) Henzen, Act. Arv., CVII f.

[4]) StR., II_2, 798.

[5]) Suet., Tit., 9.

[6]) Aur. Vict., der nach Suet. berichtet, führt dies in dem Zusatze noch besser aus: videtisne, inquit, potestates fato dari frustraque tentari facinus potiundi spe vel amittendi metu? (Caes., X, 4.)

[7]) Aber auch Vespasian hatte sie nach einem seiner Familie gestellten Horoskop. Vgl. Suet., Vesp., 25: convenit inter omnis tam certum eum de sua suorumque genitura semper fuisse, ut post assiduas in se coniurationes ausus sit adfirmare senatui, aut filios sibi successuros aut neminem. Darnach auch Eutrop, VII, 20_3 u. Aur. Vict., Caes., IX_4.

[8]) StR., II_2, 1079 f.

[9]) Vgl. S. 31 f.

[10]) Vgl. z. B. CJL., III, 318.

Bruder abgefunden;[1]) nicht nur im Jahre 81 erhielten dasselbe zwei Privatleute,[2]) auch für das folgende Jahr war ein Privater designiert.[3]) Die Auszeichnungen, die Domitian unter der Regierung seines Vaters erhalten hatte, beließ ihm Titus natürlich, dazu kam nur noch die Aufnahme in die Jahresgelübde, die aber Domitian mit dem ganzen kaiserlichen Hause theilte.[4]) Dies erklärt denn auch die Hast, mit der Domitian, ehe noch sein Bruder den Todeskampf ausgerungen hatte, mit gierigen Händen nach der Herrschaft griff. Man wird die Gründe solcher Behandlung von Seiten des Titus unschwer finden. Das ungezähmte Naturell Domitians musste eine Cumulierung von Würden in dessen Händen nicht ungefährlich für Titus' eigene Herrschaft erscheinen lassen. Die einzig dastehende Stellung des Titus unter Vespasian beruhte auf einem unerschütterlichen Vertrauensverhältnisse zwischen Vater und Sohn, wie es offenbar Titus zwischen sich und seinem Bruder für nicht denkbar hielt. Der Missbrauch eines solchen Vertrauenspostens wie Mitregentschaft oder Gardepräfectur hätte nur große Gefahr für Reich und Dynastie gebracht. Und das rechtfertigt denn auch des Titus Handlungsweise. Wir haben gehört, wie Domitian mehreremale Anschläge gegen seinen kaiserlichen Bruder versuchte. Wenn Titus seinen Bruder dadurch etwas im Zaume hielt, dass er ihn nicht mit größeren Machtbefugnissen ausstattete, so musste dies der Dynastie mehr nützen, als wenn er sich der Gefahr eines durch den Bruder heraufbeschworenen Bürgerkrieges ausgesetzt hätte. So verräth sich denn selbst hier bei näherem Zusehen ein stark entwickeltes dynastisches Gefühl.

Diese eigentlich unrömische Anschauungsweise geht aber bei den Flaviern Hand in Hand mit der ihnen eigenen Neigung zur Lehre der chaldäischen Astrologen,[5]) die den Römern ursprünglich auch fremd war. Trotzdem diese Leute im Jahre 139 und 33 v. Chr. und später noch aus Italien ausgewiesen worden waren, besaßen sie doch in Rom kein geringes Ansehen. Zu Vespasians Entschluss, den Principat anzunehmen, trugen nicht wenig alte Vorzeichen, Seheraussprüche und Constellationen bei, an die er sich erinnerte oder erinnert wurde, und bald, nachdem er Kaiser geworden, nahm er sich einen Astrologen namens Seleukos ganz öffentlich zum Rathgeber.[6]) Einst hat er seiner Familie das Horoskop stellen lassen oder selbst gestellt und daraus ersehen, dass die Herrschaft seiner Dynastie gesichert sei.[7]) Auch Titus stellte jenen beiden angeklagten Patriciern, nachdem er ihnen Straflosigkeit gewährt hatte, das Horoskop und theilte ihnen daraus mit, dass ihnen eine Gefahr bevorstehe. „Und das erfüllte sich auch."[8]) Also die Anschläge gegen die vom Fatum eingesetzte Dynastie bleiben doch nicht unbestraft.

Von solchen Anschauungen geleitet musste aber Titus mit der Übernahme des Principates auch sein bisheriges Leben aufgeben. Für den vom Fatum den Römern gesetzten Augustus war eine ernstere Lebensweise am Platz. Und in der That sehen wir mit Titus eine Wandlung und Läuterung vor sich gehen, die in der Geschichte nicht vereinzelt dasteht. Es ist schon manchmal aus einem leichtsinnigen Prinzen ein trefflicher Herrscher ge-

---

[1]) Nämlich im Jahre 80. — Clinton, FR., I, ad ann. — Eckhel, VI, 357.

[2]) Ebenda.

[3]) Asbach, a. a. O., 205.

[4]) Vgl. vorige Seite.

[5]) Vgl. hierüber StV., III, 90 ff. Dass man auch die Abbildung einer „bos cornupeta" oder eines Steinbockes auf Titusmünzen des Jahres 75 auf die Astrologie beziehen kann, wie Eckhel (VI. 355) meint, ist nicht abzuweisen. Vgl. auch Cohen, 1, 437, Nr. 101 f.

[6]) Tac., Hist., II, 78.

[7]) Suet., Vesp., 25.

[8]) Vgl. S. 33. Suet., Tit., 9. Möglicherweise ließ sie Domitian umbringen.

worden. Kaum ans Staatsruder gestellt, mied Titus seine bisherige schlechte Gesellschaft, die in ihm schlummernden edlen Eigenschaften kamen wieder zum Vorscheine, und seine ganze Thätigkeit gehörte dem Volke. Auch Berenice, die nach Vespasians Tod wieder nach Rom gekommen war, in der Hoffnung, dass der nunmehr selbständige Titus das alte Verhältnis wieder aufnehmen werde, vermochte nicht mehr Einfluss auf ihn zu nehmen und ihn von seiner „volksbeglückenden“ Thätigkeit abzuziehen.[1] Das große Staunen unserer Quellen über seinen plötzlichen Gesinnungswechsel — wenn man seine Wandlung so nennen darf — erscheint etwas merkwürdig.[2] Wie schon bemerkt,[3] ist offenbar der Gegensatz zwischen dem Cäsar und dem Augustus zu Gunsten des letzteren etwas tendenziös übertrieben: Der genussüchtige Kronprinz verwandelt seine Fehler in ebensoviele Tugenden, so dass er „Liebling und Zier der Menschen“ wird.[4] An Stelle seiner bisherigen anstößigen Umgebung trat ein Kreis von tüchtigen Männern aus dem Senatoren- oder Ritterstande, die unter dem Titel von „Freunden“ großentheils den Cabinetsrath des Kaisers bildeten. Es ist ein schöner Beweis für die gute Auswahl, die Titus getroffen, dass viele von diesen Hausfreunden auch noch seinen Nachfolgern gute Dienste leisteten.[5] Nur die Verschwendung konnte er sich auch als Kaiser nicht abgewöhnen, wenngleich er sie in Bahnen wies, die ihn volksthümlich wie bisher keinen machen mussten. Denn seine ganze Regierung steht unter dem Zeichen einer vielgerühmten, nach unserer Anschauung etwas übertriebenen Güte.

Es war von Tiberius die Verfügung getroffen worden, dass alle von dem Vorgänger getroffenen Anordnungen und Gnadenacte von dem Nachfolger einzeln geprüft und erneuert werden sollten. Titus bestätigte sie alle durch ein einziges Edict.[6] Domitian und Nerva haben übrigens dieses Beispiel nachgeahmt.[7] Der Bau des Amphitheaters und der Bäder und die großartigen Spiele zu ihrer Einweihung, je nun das war einmal Pflicht und Schuldigkeit des Kaisers;[8] und wenn er Abgaben nachließ, die sonst üblich waren,[9] so that er damit auch nicht mehr als andere Kaiser.[10] Bedenklicher aber erscheint uns diese Güte, wenn wir hören, wie Titus, der uns schon früher als ziemlich verschwenderisch geschildert wird,[11] der mit dem sparsamen Regime seines Vaters nicht ganz einverstanden gewesen zu sein scheint,[12] den Fiscus in allzu leichtsinniger Weise leerte, da selten ein Bittsteller abgewiesen werden durfte.[13] Einwendungen seiner Umgebung gegen diese Freigebigkeit wies der Kaiser mit der Begründung ab: „Vom Kaiser darf niemand traurig gehen!“[14] Diese Sucht, könnte man förmlich sagen, des Volkes Gunst sich zu erringen, kommt in jenem allbekannten und

---

[1]) Vgl. S. 30, A. 5.

[2]) Suet., Tit., 7. Dio, LXVI, 18, 19. Aur. Vict., Caes., X, 1. Aur. Vict., Epit., X, 6.

[3]) Vgl. S. 29, A. 2.

[4]) Suet., Tit., 1.

[5]) Suet., Tit., 7. Nach ihrer Stellung waren es amici primae admissionis. Vgl. StR., II_2, 786 f.; 806 f. Friedländer, SG., I, 117.

[6]) Dio, LXVI, $9_{,3}$. Suet., Tit., 8 (auch für das Folgende).

[7]) StR., II_2, 1072^4.

[8]) Vgl. Friedländer, SG., II, 258 f.

[9]) Suet., Tit., 7: ac ne concessas quidem ac solitas conlationes recepit. Damit können doch wohl nicht sämmtliche Steuern gemeint sein.

[10]) Vgl. StR., II_2, 975.

[11]) Suet., Tit., 7.

[12]) Suet., Vesp., 23: reprehendenti filio Tito, quod etiam urinae vectigal commentus esset. Dasselbe bei Dio, LXVI, $15_{,1}$.

[13]) Dass gar keiner abgewiesen werden durfte (Suet., Tit., 8), ist vollständig undenkbar.

[14]) Suet., ebenda u. Eutrop. VII, $21_{,3}$.

allgepriesenen „Ich habe einen Tag verloren“ zum Ausdrucke, wie er sich seinen Freunden gegenüber geäußert haben soll, als er eines Tages keine Gelegenheit gehabt hatte, jemandem eine Gnade zu erweisen. Es ist selbstverständlich, dass bei so übermäßig geübter Freigebigkeit die Bittsteller den Kaiser scharenweise überliefen und den von Vespasian so sorgsam gehüteten Staatssäckel leeren halfen. Und wie erst vollends eine Reihe von großen allgemeinen Unglücksfällen des Kaisers Hilfe in Anspruch nahm, darauf kommen wir noch zu sprechen.[1])

Es war aber auch die huldvolle und herablassende Art des persönlichen Verkehres, die diesem Kaiser die Zuneigung des Volkes so rasch gewann. Hiezu boten von jeher die Schauspiele die beste Gelegenheit. So ergriff Titus z. B. für eine bestimmte Gattung der Gladiatoren Partei und scherzte mit dem Volke wie irgend ein anderer gewöhnlicher Zuschauer, ohne sich jedoch hiebei zu einer Ungerechtigkeit gegen die andere Partei verleiten zu lassen oder seiner Würde etwas zu vergeben.[2]) Aber das Theater war auch zugleich der Ort, wo dem Kaiser Bitten der verschiedensten Art vorgetragen wurden, da hier Abweisungen selten vorkamen. Titus warf außerdem bei den großen Spielen, von denen später noch die Rede sein wird,[3]) kleine Holzkugeln unter das Publicum, die Anweisungen auf irgend ein Geschenk enthielten, wie Kleider, Esswaaren, Gefäße aus Silber und Gold, Hausthiere, sogar auf Sclaven; wer eine solche Kugel erhaschte, konnte das darauf Verzeichnete bei den hiezu beauftragten Beamten beheben.[4]) Ja, um seine Leutseligkeit noch deutlicher zu manifestieren, badete er zuweilen in seinen Bädern unter Zulassung des Volkes.[5]) Als einst zwei Patricier wegen Majestätsverbrechen angeklagt waren,[6]) begnadigte er sie nicht nur, sondern versprach ihnen noch alles, was sie wünschten, zog sie seiner Tafel zu und beschied sie am nächsten Tage im Theater zu sich, wo er sich mit ihnen unterhielt und ihnen die Waffen der Gladiatoren, die ihm zur Prüfung gereicht wurden,[7]) zur Besichtigung gab. Ja so weit gieng er in seiner Herablassung gegen die Begnadigten, dass er ihnen in höchsteigener Person das Horoskop stellte.[8]) Das war nun freilich eine gefährliche Großmuth, allein sie machte ungeheuren Eindruck auf die Römer, die ihren Kaiser nun ebenso verehrten, als sie ihn früher wie einen zweiten Nero gefürchtet hatten. Auch dass er niemanden während seiner ganzen, freilich kurzen Regierung zum Tode verurtheilte, wird mit besonderer Betonung hervorgehoben.[9]) Er soll gesagt haben, lieber wolle er selbst zugrunde gehen als einen anderen zugrunde richten, und dass er den Oberpontificat nach seinen Worten nur deshalb übernahm, um seine Hände rein von Blut zu bewahren,[10]) ist eine etwas tendenziös dem Titus unterschobene Anschauungsweise, die aber dem

---

1) Siehe S. 37 ff.

2) Suet., Tit., 8.

3) Vgl. S. 41 f.

4) Dio, LXVI, $25_{,5}$.

5) Suet., a. a. O.

6) Vgl. S. 33.

7) Als dem editor der Spiele Vgl. StV., III, 540.

8) Suet. Tit., 9. Aur. Vict., Caes., X, 3, 4. Vgl. auch S. 34.

9) Außer bei Suet. (a. a. O.) bei Dio, LXVI, $18_{,1}$: οὐδὲν οὔτε φονικὸν οὔτε ἐρωτικὸν μοναρχήσας ἔπραξεν. Das war übrigens in dieser Zeit nichts so Besonderes im Vergleiche mit der späteren Kaiserzeit, etwa mit Sept. Severus, der recht reichlich unter den Senatoren aufräumte. Vgl. Fuchs K., Geschichte des Kaisers L. Septimins Severus, 70 f.

10) Suet., Tit., 9.

edlen Naturell dieses Herrschers ganz wohl entsprechen mag. Kurz Titus wollte überall und gegen jedermann in dem Lichte einer ungewöhnlichen Milde erscheinen.[1])

Aber die gerühmte Güte des Kaisers erschöpfte sich nicht bloß in solchen liebenswürdigen Gnadenacten; Unglücksfälle schwerster Art, die nicht nur die Stadt Rom, sondern auch einen großen Theil von Campanien betrafen, boten ihm mehr als genug Gelegenheit, seiner Freigebigkeit unbegrenzten Spielraum zu geben, nämlich der Ausbruch des Vesuv und die Pest in Rom im Jahre 79 und ein riesiger Stadtbrand im folgenden Jahre. Ersterer, ein seiner Natur nach eigentlich geographisches Ereignis, kann hier dennoch nicht übergangen werden, denn dadurch, dass diese Eruption die Städte Herculanum und Pompei verschüttete, hat sie uns ein so bedeutendes Stück altrömischen Lebens in ursprünglichster Form aufs beste bewahrt, dass unsere Kenntnis desselben ohne die Ausgrabung dieser Stätten ziemliche Lücken aufweisen würde. Und darum muss auch dieses Ereignis in kurzen Zügen erörtert werden. Die vulcanische Natur des Vesuv war den Alten nicht unbekannt und Erdbeben in Campanien nichts Ungewöhnliches.[2]) Ab und zu, bald stärker, bald schwächer warf der Berg Asche und Steine aus, und unheimliches Donnern scholl aus seinem Innern.[3]) Schon im Jahre 63 n. Chr. verkündigte ein Erdbeben, das ganz Campanien erschütterte und Pompei fast gänzlich, Herculanum zum großen Theile in Trümmer legte,[4]) dass es im Innern des unheimlichen Berges wieder zu arbeiten begänne, aber erst kurze Zeit nach Titus' Regierungsantritt erfolgte jene bekannte furchtbare Katastrophe. Wir kennen sie aus einer Darstellung in zwei an den Geschichtschreiber Tacitus gerichteten Briefen des jüngeren Plinius,[5]) dessen Oheim, der ältere Plinius, durch diese Eruption des Vesuv ein Opfer seiner Wissenschaft wurde. Das war am 24. August des Jahres 79.[6]) Die Aschenmenge soll so groß gewesen sein, dass sie in Rom die Sonne verfinsterte. Bis nach Afrika, Ägypten, selbst Syrien soll sie geflogen sein. Pompei, eine kleine Handelsstadt mit etwa 12000 Einwohnern, wurde durch eine 5 Meter mächtige Schichte von Bimsstein und Asche verschüttet. Herculanum dagegen verschwand unter einer 60—80 Fuß dicken Masse flüssigen Schlammes, der im Laufe der Zeit sich erhärtete und heute die Städte Portici und Resina trägt. Deshalb konnte auch Pompei beinahe vollständig ausgegraben werden. Es zeigt das genaue Bild einer Stadt, die mitten im regsten Leben des Verkehrs und Genusses — die schaulustige Menge befand sich gerade im Theater[7]) — vom Verhängnis ereilt wurde. Viele Leute konnten sich zwar noch retten, gleichwohl ist, wie die vorgefundenen Skelette zeigen,

---

[1]) Und doch kann ich nicht mit Bernays (a. a. O., 178) annehmen, dass Titus in der auf seinen Befehl von Flavius Josephus veröffentlichten Geschichte des jüdischen Krieges gerade an Stellen, wo seine erbarmende Milde hervorgehoben wird, einen Einfluss zum Nachtheile der historischen Wahrheit des Buches ausübte, als wollte er seine milde Gesinnung auch für jene Vergangenheit nachweisen; denn ich meine, damit hätte er den judenfeindlichen Römern keinen großen Gefallen erwiesen. Das ist lediglich eine Entstellung, die den persönlichen Anschauungen des Josephus entspringt, der seinem Protector dadurch einen Gefallen zu erweisen glaubt, wenn er seine Härte gegen die jüdischen Vertheidiger verschweigt oder ins Gegentheil wandelt.

[2]) Plin., epist., VII, $20,_3$: praecesserat per multos dies tremor terrae minus formidosus quia Campaniae solitus.

[3]) Dio, LXVI, 21.

[4]) Vgl. Duruy, II, 139 ff.

[5]) Epist., VI, 16 und 20. Vielleicht waren sie für den verloren gegangenen Theil der Historien bestimmt.

[6]) Plin., epist., VI, $16,_4$: IX. Kal. Sept.

[7]) Dio, LXVI, $23,_3$.

eine große Menge ums Leben gekommen.[1]) Herculanum dagegen ist heute nur durch Schachte und Stollen wie ein Bergwerk zu befahren. Seit diesem Ausbruche zeigt der Vesuv auch seine heutige Gestalt mit dem Eruptionskegel; bis dahin erschien er bloß als die heutige Somma, als ein in der Mitte eingesenkter Bergwall. Dass Titus den unglücklichen Bewohnern von Campanien, die durch dieses Naturereignis arg mitgenommen worden waren, seine kaiserliche Hilfe in ausgiebigstem Maße zutheil werden ließ, mag man nicht bloß seinen Bemühungen um die Volksgunst zuschreiben. Sie entsprang gewiss einem edlen Beweggrunde. Sofort schickte er zwei consularische „curatores restituendae Campaniae“ ab, um die Hilfsactionen zu leiten.[2]) Die Güter derjenigen, die bei der Katastrophe ums Leben gekommen waren, ohne Erben zu hinterlassen, fielen dem Fiscus als vacantia zu.[3]) Diese wurden in erster Linie zu Gunsten der in Mitleidenschaft gezogenen Orte verwendet. Ob die Curatores adsigniert haben, ist nicht nachzuweisen.[4]) Vielleicht hat Titus die Adsignation doch selbst vorgenommen, denn er bereiste selbst die Unglücksstätten, um die Noth zu lindern und die Hilfsarbeiten zu beaufsichtigen.[5]) Bei dieser Reise dürfte Titus auch in Neapel den gymnischen und musischen Spielen vorgesessen und bei den Agonen als Agonothet fungiert haben.[6])

Wie es scheint, noch bevor Titus von seiner campanischen Reise zurückgekehrt war, brach in Rom eine furchtbare Seuche aus,[7]) welche Tausende von Menschen dahinraffte.[8]) Und noch nicht genug damit, im folgenden Jahre (80) entstand in der Stadt ein riesiger Brand, der ein ziemliches Stück des nordwestlich vom Capitol gegen den Fluss sich hinziehenden Stadttheiles — d. i. die 12. Region (in circo Flaminio und in campo Martio)[9]) — in Asche legte. Der Herd des Feuers ist wohl in den mit Waren gefüllten Magazinen und Läden, die längs der Septa Julia standen, zu suchen.[10]) Abgesehen von der großen Anzahl von Privatgebäuden fiel eine Reihe von öffentlichen berühmten Bauten dem rasenden Elemente, das 3 Tage und 3 Nächte wüthete,[11]) zum Opfer. Genannt werden: die Septa Julia, das

---

[1]) Vgl. Duruy, II, 144 f.

[2]) Suet., Tit., 8. Dio, LXVI, $24_{,3}$. Im Jahre 80 wird in Capua ein Proconsul L. Naeratius Priscus erwähnt, der möglicherweise einer dieser beiden Consularen war. Orelli, 753. Becker-Marquardt, HB., III_1, 65.

[3]) Vgl. Hirschfeld, VG., I, 56 f.

[4]) Denn die Adsignation war durchaus ein kaiserlicher Immediatact, bei dem sonst jede Vermittlung, auch durch sehr angesehene Persönlichkeiten vermieden wurde. Vgl. StR., II_2, 956^2.

[5]) Dio, LXVI, $24_{,1}$.

[6]) Denn eine Inschrift aus dem Jahre 81, welche die Wiederherstellung der durch ein Erdbeben zusammengestürzten Bäder und des Gymnasiums in lateinischer und griechischer Sprache berichtet, fügt in dem griechischen Texte zu den üblichen kaiserlichen Titeln des Titus noch „ἐν Νέᾳ πόλει δημαρχήσας, ἀγωνοθετήσας τὸ γ̄, γυμνασιαρχήσας“. CJG., III, 5809. Nach dem dieser Stelle (im CJG.) beigefügten Commentar ist an Spiele zu denken, die außerhalb der Reihenfolge der Italiden zu Ehren des Kaisers instauriert wurden. Es ist dieselbe Inschrift, die auch CJL, X, 1481 abdruckt. Hier wird sie auf die Italiden bezogen, die in Neapel alle 5 Jahre gefeiert wurden, von denen die 19. im Jahre 74 waren, mithin die 20. im Jahre 79, also in der Zeit, da Titus in Campanien war.

[7]) Dass dies noch 79 war, geht hervor aus Dio (LXVI, $24_{,1}$). der das Entstehen der Krankheit in Zusammenhang mit der nach Rom getragenen vulcanischen Asche bringt und ausdrücklich von dem Brande erst sagt, dass er „τῷ ἑξῆς ἔτει“ (80) fällt. Auch die Stellen des Eusebius (ed. Schöne, 158 f.) setzen diese Pest in dasselbe Jahr, ja sogar (in der Fassung des Hieronymus), bevor noch von Vespasians Tod die Rede ist.

[8]) An manchen Tagen sollen etwa 10000 Todesfälle in die täglichen Sterbelisten eingetragen worden sein. Eusebius, ebenda.

[9]) Becker, HB., I, 600.

[10]) Jordan, Topogr., I_1, 483.

[11]) Suet., Tit., 8.

Serapeum und Iseum, die Basilica des Neptun,[1]) das Pantheon und die Bäder des Agrippa, das Diribitorium, Theater des Balbus und des Pompeius, die Porticus Octaviae sammt ihrer Bibliothek, sogar der neue, von Vespasian erst errichtete capitolinische Juppitertempel sammt den ihn umgebenden Heiligthümern.[2]) Es ist jedoch nicht denkbar, dass die genannten Gebäude alle zerstört wurden, denn sie werden fortwährend als bestehend genannt. Wahrscheinlich wurden sie wie viele andere nicht genannte Gebäude nur mehr oder weniger beschädigt. Ganz zerstört wurde wohl nur das Diribitorium, dessen Dach wegen seiner außerordentlichen Spannung als eines der Wunderwerke von Rom galt und nicht mehr hergestellt werden konnte,[3]) und die Porticus Octaviae. Der Verlust der mit dieser letzteren verbundenen Bibliothek ist etwas, was wir noch heute zu beklagen haben. Es war die dritte öffentliche Bibliothek der Stadt Rom.[4]) Ob eine Wiederherstellung versucht wurde, ist nicht zu sagen.[5]) Der Tempel des Juppiter Optimus Maximus, der sichtbare Ausdruck römischer Überzeugung, die eigenste Schöpfung der römischen Staatsreligion, an dessen Bestand die Volksmeinung die Dauer der römischen Herrschaft knüpfte,[6]) war schon im Jahre 69 bei dem Sturme der Vitellianer ein Opfer der Flammen geworden,[7]) und Vespasian hatte, römischen Traditionen folgend, auf dem alten Fundamente einen Neubau, höher als den abgebrannten, aber sonst ohne Veränderung der Anlage aufgeführt.[8]) Dieses Nationalheiligthum war nun nach so kurzer Zeit abermals von dem verheerenden Brande vernichtet worden. Es ist natürlich, dass auch Titus, der sich selbst auf Münzen aus der Zeit seiner Mitregentschaft Jovis custos nennt,[9]) sofort an einen Wiederaufbau desselben denken musste. Schon am 7. Dezember desselben Jahres wurden im Tempel der Ops Gelübde abgelegt zur Wiederherstellung und Weihung desselben.[10])

---

[1]) Man ist über dieses Gebäude wegen der wechselnden Bezeichnung nicht im reinen. Vgl. Becker, HB., I, 637.

[2]) Dio, LXVI, 24_2.

[3]) Becker, HB., I, 637 f.

[4]) Über die Anlage vgl. Becker, HB., I, 610 ff.: Die Porticus Octaviae wurde von Octavia zum Gedächtnis ihres verstorbenen Sohnes Marcellus gegründet. Sie umschloss nach dem Plan eines capitolinischen Fragmentes (Becker, HB., I. Taf. IV) zwei Tempel des Juppiter Stator und der Juno, an die sich die schola in porticibus Octaviae anschloss, welche höchst wahrscheinlich die Bibliothek enthielt. Letztere bestand wie die beiden anderen bis dahin bestehenden aus einer griech. u. latein. Abtheilung. C. Maecenas Melissus, ein Freigelassener des Maecenas, war mit der Ordnung derselben betraut worden. Ihrer ursprünglichen Bestimmung gemäß blieb die Bibliothek städtisch und wurde auf Kosten des Ärars verwaltet (Hirschfeld, VG., I, 186 ff.)

[5]) Hirschfeld (ebenda) meint, es sei nicht der Fall gewesen. Allein es ist vielleicht doch anzunehmen, dass unter den zerstörten Bibliotheken, zu deren Herstellung Domitian große Summen verwendete, überall nach Büchern forschte und aus der alexandrinischen Bibliothek Abschriften machen ließ (Suet., Dom., 20), auch die octavische zu verstehen ist.

[6]) Wie sehr ist Tacitus empört darüber, dass dieser Tempel, der noch durch keinen äußeren Feind gelitten hatte, durch eigene Schuld der Römer zerstört wurde! (Hist., III, 72, wo es auch heißt: sedem Jovis Optimi Maximi auspicato a maioribus pignus imperii conditam. Vgl. auch IV, 54: nihil aeque quam incendium Capitolii, ut finem imperii adesse crederent, impulerat.)

[7]) Tac., Hist., III, 71.

[8]) Tac., Hist., IV, 53, Suet., Vesp., 8. Über die Abbildung desselben und Domitians Bau vgl. Jordan, Topogr., I_2, 88 f., A., 86.

[9]) Vielleicht wurden diese Münzen anlässlich der Dedication des Vespanianischen Neubaues geprägt. Cohen, I, 437, Nr. 106.

[10]) Henzen. Acta arv., CVI: M. Tittio Frugi, T. Vinicio Juliano cos. VII. id. Dec. in Capitolio in aedem Opis sacerdotes convenerunt ad vota nuncupanda ad restitutionem Capitoli ab imp. T. Caesare Vespasiano Aug. Der Tempel erscheint zwar schon auf Münzen des Domitian vom Jahre 80, allein in Asien geprägte aus dem Jahre 82 mit der Aufschrift: „Cap. rest.“ machen die Dedication in letzterem Jahre wahrscheinlich. Vgl. Jordan, a. a. O. u. 29.

Wirklich vollendet und dediciert wurde der Neubau jedoch erst von Domitian.[1]) Auch die übrigen Schäden suchte Titus so bald als möglich gut zu machen. Allein es ist begreiflich, dass seine Regierung dazu nicht hinreichte und die Wiederherstellung der großen Bauten seinem Nachfolger und noch späteren Kaisern bis Hadrian vorbehalten blieb.[2]) So stellte Domitian das Pantheon wieder her,[3]) desgleichen das Iseum und Serapeum.[4]) Das Theater des Balbus, das nur theilweise zerstört war, wurde wohl erst nach Domitian wiederaufgebaut,[5]) wahrscheinlich vor Hadrian auch noch die Septa Julia und die Basilica des Neptun.[6]) Wann die Herstellung des Theaters des Pompeius stattfand, ist nicht gewiss; doch wird es bis in späte Zeiten für eines der bedeutendsten Gebäude gehalten.[7]) Zum Troste der Bevölkerung, die noch von der Pest schrecklich mitgenommen war, erließ Titus Edicte, in denen er erklärte, allen Schaden auf sich zu nehmen. Sogar die Ausstattung der kaiserlichen Gebäude soll er für die Neubauten aufgeopfert haben.[8]) Mit der Bauleitung beauftragte der Kaiser mehrere Ritter.[9]) Wo menschliche Hilfe nicht ausreichte, wie z. B. bei der Pest, wandte er sich an die Götter und suchte durch Opfer die Krankheit abzuwenden, ohne aber die nothwendigen sanitären Schutzvorkehrungen außeracht zu lassen. Dass ihm von Privatleuten, Städten und fremden Fürsten Geldunterstützungen zur Hilfeleistung in den genannten Unglücksfällen angeboten wurden, ist schon möglich, dass er sie nicht angenommen habe, aber sehr unwahrscheinlich.[10])

Es scheint nun am Platze, hier auch gleich von Titus' sonstiger Bauthätigkeit zu sprechen. Wir wissen nicht, wie viel Vespasian an der Erbauung der Stadt nach dem Neronischen Brande gearbeitet hat, doch ist wohl anzunehmen, dass auch Titus noch an derselben mitzuarbeiten hatte. Im Jahre 79 renovierte er die infolge ihres Alters eingestürzte Aqua Marcia und übergab sie wieder dem Gebrauche.[11]) In seinem Todesjahre wurde ferner der Neubau der Aqua Curtia und Caerulea vollendet,[12]) der auf Kosten des Kaisers erfolgt war.[13]) Letztere, Zuflüsse der Claudischen Wasserleitung, waren erst von Vespasian im Jahre 71 renoviert worden, aber wieder eingegangen. Die berühmtesten Bauwerke des Titus, die zugleich unter die berühmtesten des Alterthumes überhaupt gehören, sind das flavische Amphitheater und die Bäder des Titus. Ersteres hatte schon sein Vater begonnen,[14]) und zwar an jenem Platze, den früher die Teiche der Neronischen Anlagen eingenommen hatten.[15]) Vespasian zerstörte nämlich einen großen Theil

---

[1]) Suet., Dom., 5: plurima et amplissima opera incendio absumpta restituit, in quis et Capitolium, quod rursus arserat. Das „rursus“ kann nur auf den Brand des Jahres 80 sich beziehen; das geht schon daraus hervor, dass Sueton tadelnd hinzufügt: sed omnia sub titulo tantum suo ac sine ulla pristini autoris memoria.

[2]) Jordan, Topogr., I_1, 491. Aur. Vict., Caes., XI, 4.

[3]) Becker, HB., I, 635 f.

[4]) Eutrop, VII, $23_{,5}$.

[5]) Becker, a. a. O., 678.

[6]) Ebenda, 633 f.

[7]) Ebenda, 677.

[8]) Suet., Tit. 8.

[9]) Suet., Tit., 8. Vgl. StR., II_3, 910.

[10]) Vgl. Dio, LXVI, $24_{,4}$.

[11]) Orelli, I, 53.

[12]) Ebenda, 56. Vgl. Jordan, Topogr., I_1, 474.

[13]) Das war übrigens meistens der Fall. Vgl. StR., II_2, 1005 f.

[14]) Suet., Vesp., 9.

[15]) Das geht hervor aus seinem der Epigramme des Martial (ed Schneidewin, II., Z. 5 f.), die dieser zur Einweihung des Theaters und der Bäder schrieb.

dieser Anlagen wieder,[1]) indem er den kaiserlichen Palast wieder auf den Palatin beschränkte. Titus baute an dem Theater weiter, und da er es schon im Jahre 80 dedicierte[2]) und schon ausgiebig zur Abhaltung von Spielen benützte, so dürfte der Bau im allgemeinen doch fertig gewesen sein, obwohl man die Vollendung erst dem Domitian zuschreibt.[3]) Der Bau gehört durch Größe, Solididät und Schönheit der Ausführung zu dem Vollendetsten, was römische Baukunst schuf, und erregt heute in seinen imposanten Ruinen, die man unter dem Namen Colosseum kennt, noch die gerechte Bewunderung der Besucher der ewigen Stadt. Der Außenbau ward aus Sandstein aufgeführt, nur die Sitze und die innere Ausstattung bestanden aus Marmor. Die Dimensionen sind colossale. Die Arena hat einen größeren Durchmesser von 82, einen kleineren von 48 m, der Durchschnitt des die Arena umschließenden Gebäudes, das die Sitzreihen enthielt, beträgt $47^2/_3$ m, die Höhe desselben 48 m. Dieser Riesenraum vermochte 87000 Menschen zu fassen. Gleichzeitig mit dem Amphitheater übergab Titus die nach ihm benannten Bäder dem Publicum.[4]) Der Kaiser konnte die Grundlosigkeit der Befürchtungen, die man von ihm als einem zweiten Nero hegte, nicht sprechender widerlegen. als indem er ein so gemeinnütziges Werk wie öffentliche Bäder auf einem Terrain erbaute, das er durch Zerstörung des letzten Restes des „goldenen Hauses“ in nächster Nähe des Amphitheaters auf dem Esquilin[5]) gewann. Wahrscheinlich benützte er die Reste dieser Anlagen, indem er sie mit Schutt anfüllen ließ, als Terasse, auf der sich seine Bäder erhoben[6]) Neben denselben scheint sich Titus ein Haus erbaut, vielleicht auch nur einen Rest des goldenen Hauses reserviert zu haben.[7]) Mit welchem Kunstsinn und welcher Pracht diese Bauten ausgestattet wurden, geht daraus hervor, dass zwei der größten Kunstwerke des Alterthums, nämlich der Astragalus spielende Knabe von Polykleit aus Sikyon und die bekannte Laokoongruppe dort gefunden wurden.[8]) Wahrscheinlich sind die Bäder infolge der Zerstörung der Aquäducte durch Vitiges und Totilas außer Gebrauch gekommen und seitdem zerfallen. Heute stehen noch neun große Tonnengewölbe aus Backsteinen, die jedoch den Grundplan nicht erkennen lassen.[9])

Zur Einweihung dieser Gebäude veranstaltete nun Titus großartige Spiele. Spiele und Brot wurden in Rom schon seit Augustus nicht mehr als Gnade des Regenten, sondern als Pflicht desselben und gutes Recht des Volkes angesehen, und in der Pracht der Spiele haben die besten mit den schlechtesten Kaisern gewetteifert. So begann der sparsame Vespasian das

---

[1]) Wohl auch wie Titus, dem Unwillen des Volkes nachgebend; übrigens soll schon Augustus diesen Platz für ein solches Theater im Auge gehabt haben. Suet., a. a. O.

[2]) Dio, LXVI, 25_1. Münzen mit Abbildung des Baues bei Eckhel, VI. 357 u. Cohen, I. 461; auch aut Consecrationsmünzen des Titus (Eckhel, VI, 359, Cohen, I, 461, Nr. 395) erscheint es.

[3]) Vespasian soll nämlich die 3 unteren Gradus, Titus die zwei nächsten dediciert und Domitian den Bau usque ad clypea fortgesetzt haben. (Die Stellen bei Becker, HB., I, 682, A. 1495.) Vgl. Becker, HB., I, 681 f. und Reber Franz, Ruinen Roms, 416; StV., III, 535. Die Beschreibung bei Reber. 407—422. Die Maße nach Becker, HB., I, 682, A. 1494. Siehe auch Friedländer, SG., II, 375.

[4]) Becker, HB., I, 686 f. meint, dass auch die Thermen vor ihrer Vollendung dediciert worden seien.

[5]) Suet., Tit., 7: amphitheatro dedicato thermisque iuxta celeriter exstructis.

[6]) Diese Ansicht spricht Reber (a. a. O., 475 ff.) aus. Dass das goldene Haus sicher dort gewesen. wird durch die dürftigen Reste von Malereien, die sich in den Ruinen fanden, bewiesen (ebenda, 45). Vgl. auch Becker. HB., a. a. O.

[7]) Reber, a. a. O., 480.

[8]) Plin., NH., XXXIV, 55 u. XXXVI. 37.

[9]) Reber, a. a. O., 473 ff.

größte Amphitheater der Welt und gab glänzende Spiele.[1]) Aber Titus überbot noch den Aufwand seines Vaters. Die Spiele fanden theils im Amphitheater, theils auch in der alten Naumachie des Augustus statt. Im Amphitheater gab es Thierhetzen, bei denen gegen 9000 wilde Thiere erlegt wurden, Gladiatorenkämpfe,[2]) selbst Auftreten von Weibern. Manchmal wurde auch die ganze Arena unter Wasser gesetzt, in dem theils abgerichtete Thiere des Landes ihre Künste zeigten, theils Wasserschlachten von Gladiatoren aufgeführt wurden, die einen Schiffkampf, z. B. zwischen Korcyräern und Korinthern darstellten.[3])

In der Naumachie des Augustus fanden gleichzeitig ähnliche Aufführungen statt. Am 1. Tage gab es auf der mit Balken gedeckten Wasserfläche ein Gladiatorengefecht, am 2. ein Wagenrennen, am 3. wurde ein Seegefecht zwischen Athenern und Syrakusanern von 3000 Mann aufgeführt, wobei die Athener siegten und zum Schlusse auf einer kleinen Insel landeten und eine Schanze stürmten.[4]) Mit solchen Spielen unterhielt Titus das Volk der Hauptstadt durch 100 Tage. Wie er diese zugleich benützte, um durch den persönlichen Verkehr sich so leutselig wie möglich zu zeigen und sich das Volk durch Geschenke ganz zu gewinnen, sahen wir schon und auch, dass es gelang.[5])

Abgesehen von diesen immerhin nur außerordentlichen Spielen[6]) gab Titus solche auch an seinem Geburtstage[7]) sowie natürlich an den gewöhnlichen Festen.

Das alles waren Dinge, die in ihrer großartigen Äußerlichkeit das Volk zufrieden stellen mussten. Allein hierin konnte der Beruf des Herrschers doch nicht aufgehen, wenngleich den zeitgenössischen Autoren gerade diese Seite die größte Bewunderung entlockt. Die Natur des Kaisers war tiefer veranlagt und konnte ihn nicht einer ernsten Thätigkeit entziehen.

Diejenige seiner Regierungshandlungen in staatsrechtlicher Beziehung, deren wohlthätige Wirkung am meisten in die Augen sprang, betraf die Delatoren, die öffentlichen Ankläger. Ja, der jüngere Plinius sieht sein Vorgehen gegen diese Leute für eine seiner größten Thaten an, durch die er sich den Anspruch auf die Consecration nach seinem Tode erworben hätte.[8]) Schon unter Galba hatten die Senatoren beschlossen, die Delatoren vor Gericht zu ziehen, und auch die Othonianer hielten diesen Beschluss fest, der freilich ohne allgemeine Kraft blieb;[9]) denn sie scheinen es noch immer ziemlich arg getrieben zu haben, so dass sie ein Autor sogar als ein ebenso großes Unglück für die Stadt wie den Ausbruch des Vesuv, Brand und Pest hält.[10]) Dazu hat entschieden beigetragen, dass sich Vespasian und Titus einst dieser

---

[1]) Dio, LXVI, 10.

[2]) Diese beiden (Thierhetzen und Gladiatorenkämpfe) zusammen hießen munus (Suet., Tit., 7). d. i. pflichtmäßige Leistung, zum Unterschiede von den ludi, worunter scenische und circensische Spiele zu verstehen sind. Hirschfeld VG., I. 175. Marquardt, StV., III, 474^1.

[3]) Dio. LXVI, $25_{,2}$.

[4]) Dio, LXVI, $25_{,3,4}$; Suet., Tit., 7. Die Zahl 3000 ist klein im Verhältnis zu den 19000 Mann, die Claudius im Jahre 52 auf dem Fucinersee miteinander kämpfen ließ. (Marquardt, StV., III, 464 u. Mommsen. StR., II_2, 786).

[5]) Vgl. S. 36.

[6]) Auf diese bezieht sich wohl eine Münze aus dem Jahre 80, die einen gepanzerten Elefanten zeigt (Eckhel. VI, 358; vgl. auch Dio, LXVI, $25_{,1}$, wo von 4 Elefanten die Rede ist), und eine mit „Munificentia Augusti".

[7]) Domitian schaffte sie wieder ab (Dio, LXVI, $2_{,6}$).

[8]) Im Paneg. ad Tr., 35. wo von dem Vorgehen des Trajan gegen die Delatoren die Rede ist, heißt es zum Schluss: ingenti quidem animo divus Titus securitati nostrae ultionique prospexerat, ideoque numinibus aequatus est: sed quanto tu quantoque dignior caelo, qui tot res illis adiecisti propter quas illum deum fecimus!

[9]) Tac., Hist., II, 10. Ranke, WG., III_1, 220.

[10]) Suet., (Tit., 8) sagt unmittelbar nach der Schilderung dieser Elementarereignisse: inter adversa temporum et delatores mandatoresque erant ex licentia veteri.

Leute selbst bedient haben.[1]) Wenigstens erzählte man von Titus, dass er während seiner Mitregentschaft ihm (als Stellvertreter des Kaisers) missliebige Personen durch Leute, die er ins Theater und unter die Soldaten schickte, zur Bestrafung herausfordern ließ.[2]) Nunmehr aber gieng er mit aller Strenge gegen sie vor. Er ließ sie öffentlich mit Ruthen geißeln und zum abschreckenden Beispiele durch das Amphitheater führen, dann wurden sie entweder als Sclaven verkauft oder auf rauhe Eilande verbannt.[3]) Um das ganze Unwesen dieser Leute von Grund aus zu beseitigen, erließ er ein Edict,[4]) es dürfe niemand wegen eines Vergehens auf Grund mehr als eines Gesetzes zur Verantwortung gezogen werden, und gab für Vergehungen bereits Verstorbener ein Gesetz der Verjährung.[5]) In weiterer Consequenz hievon schaffte er auch die Anklage wegen Majestätsverbrechens überhaupt ab, nicht nur soweit ein solches seine eigene Person, sondern auch wenn es verstorbene Vorgänger betraf.[6])

Capitalprocesse gegen Senatoren nahm Titus vor seinem kaiserlichen Gerichtshofe wohl an,[7]) allein er begnadigte alle Angeklagten und fällte gegen keinen Senator ein Todesurtheil.[8]) Das heben die Autoren mit besonderer Befriedigung hervor, denn in dieser Handlungsweise des Kaisers kam etwas für den Senat sehr Bedeutungsvolles zum Ausdruck. Seitdem der Senat mit der Entwicklung der absoluten Monarchie in die Stellung und in die Rechte der alten Nobilität eingetreten war, seitdem er die ausgezeichnetsten Männer des Reiches umfasste, konnte ihn der Kaiser nicht unberücksichtigt lassen.[9]) Dass Titus keinen Senator mit dem Tode bestrafte, das ist die erste Spur einer Nachgiebigkeit des Kaisers gegen die Tendenz der Senatoren, ihre Processe dem Kaisergerichte zu entziehen. Zwar hatte der angeklagte Senator gewöhnlich vor dem letzteren keineswegs einen schwereren Standpunkt als etwa in dem ebenbürtigen und gleichartigen consularisch-senatorischen Strafverfahren. Allein der Missbrauch, den die drei letzten Claudier mit ihrer kaiserlichen Gerichtsbarkeit getrieben hatten, riefen dieses Bestreben der Senatoren hervor, dem, wie wir sahen, Titus zwar nicht formell, aber in der Praxis nachgab. Und wenn der Senat auf die Nachricht von dem Ableben des Kaisers den Verstorbenen in so überschwenglicher Weise feierte und wahrhaft betrauerte,[10]) so wird man dies nicht mit Unrecht auf die Dankbarkeit des Senates für die von Titus genommene Rücksicht auf ihre Wünsche zurückführen. Umso weniger mag es diese Behörde dem Nachfolger Domitian verziehen haben, dass er sich entschieden weigerte, einem Senatsconsulte seine Zustimmung zu geben, das ihm die Capitalgerichtsbarkeit über die Senatoren — ein seit dem Bestande des Principates allerdings mit diesem verbundenes Recht — entzogen hätte.[11]) Dass Titus auch sonst kein Todesurtheil fällte,[12]) wurde schon berührt.[13])

---

[1]) Von Vespasian meint Duruy (a. a. O., II, 131), dass er sie beibehalten, wenn auch nicht benützt habe.

[2]) Suet., Tit., 6. Vgl. auch S. 29, A. 1.

[3]) Suet., Tit., 8. Dio, LXVI, $19_{,3}$: τούς τε μηνύτας ἐξήλασεν ἐκ τῆς πόλεως.

[4]) Dass es in der Form eines edictum geschah, beweist Plinius (Paneg. ad Tr., 35): imperator Nerva .... magna quaedam edicto Titi adstruxerat.

[5]) Suet., Tit., 8.

[6]) Dio, LXVI, $19_{,2}$. [7]) Suet., Tit., 9.

[8]) Dio, LXVI, $19_{,1}$ u. LXVII, $2_{,4}$.

[9]) Siehe Friedländer. SG, I, 166 f.

[10]) Suet., Tit., 11.

[11]) Dio, LXVII, $2_{,4}$: οὐκ ἐφρόντιζεν ...., ὅτι ἡ γερουσία πολλάκις ἠξίου ψηφισθῆναι μὴ ἐξεῖναι τῷ αὐτοκράτορι τῶν ὁμοτίμων τινὰ ἀπολέσαι κ. τ. ε. Siehe auch StR, II_2, 920 ff.

[12]) Suet., Tit., 9: nec autor posthac cuiusquam necis nec conscius. Dio, LXVI. $19_{,1}$: οὐδὲ ἄλλος τις αὐτῷ ἐπὶ τῆς αὐτοῦ ἀρχῆς ἐτελεύτησεν. — Eutrop, VII, $21_{,2}$.

[13]) Vgl. S. 36.

Was wir von seinen administrativen Verfügungen wissen, beschränkt sich auf einige Änderungen im Beamtenstande. Von der Einsetzung zweier proconsularischer Curatores restituendae Campaniae haben wir schon gesprochen[1].) Dass er die Zahl der von Claudius eingesetzten Prätoren für geringe Fideicommisssachen[2]) von zwei wieder auf einen herabsetzte,[3]) ist ohne Bedeutung, da die Zahl der Prätoren einem stetigen Schwanken unterworfen war.[4]) Dass Titus das eponyme Consulat, das unter seinem Vater und dann wieder unter seinem jüngeren Bruder eine viermonatliche Frist hatte, auf zwei Monate beschränkte, ist ziemlich sicher.[5]) Auffällig ist, dass im Jahre 81 zwei Private das Consulat erhielten[6]) und auch für das folgende Jahr ein Privater designiert gewesen zu sein scheint.[7]) Deswegen aber braucht, meine ich, Titus doch nicht der Tendenz ferngestanden zu haben, die bei seinem Vater doch unleugbar hervortritt und durch seinen Bruder zeitweise sogar Verwirklichung erfuhr, nämlich das eponyme Consulat dauernd an den Principat zu knüpfen, wie Mommsen anzunehmen scheint.[8]) Titus konnte doch nicht wissen, dass das Jahr 81 sein letztes Lebensjahr sein würde.

Was wir über die äußeren Vorgänge unter Titus wissen, sind mit Ausnahme der überlieferten Feldzüge in Britannien einige spärliche Notizen über die Erweiterung des Straßennetzes in den Provinzen, so z. B. Anlegung einer via Flavia von Tergeste nach Pola,[9]) einiger neuer Straßen auf der Insel Cypern[10]) u. a. m.[11])

Dass wir über Britannien ziemlich eingehend unterrichtet sind, verdanken wir nur der Biographie des Agricola aus der Feder seines Schwiegersohnes Tacitus, der uns darin das Bild eines Mannes voll Wahrheit und tiefen sittlichen Ernstes entwirft.

Wenn ich hier etwas auf die Kämpfe des Agricola eingehe, so geschieht dies, da ich mich der von Asbach, Panzer und schon früher von Nipperdey vorgeschlagenen Chronologie anschließe, die Agricolas Statthalterschaft schon im Jahre 77 beginnen lässt;[12]) denn nach dem Zeugnisse des Tacitus übernahm er sofort nach seinem — zweimonatlichen[13]) — Consulate die Statthalterschaft von Britannien,[14]) d. i. also im Herbste 77. Er wurde hierin

---

1) Vgl. S. 38.

2) Die bedeutenderen hatten die Consule.

3) StR., II_1, 97, 194 u. 216.

4) Unter Claudius waren 18, unter Titus 17, dann unter Nerva wieder 18. Über die Ursachen dieses Schwankens vgl. Becker, HB, II_3, 261 ff.

5) Asbach, a. a. O., 205.

6) Vgl. S. 34.

7) Asbach, a. a. O.

8) StR., II_2, 1043^5.

9) CJL., V, 7988. Mommsen liest das FF für Flaviam fecit.

10) Ephem. epigr., IV, 32.

11) Vgl. bei Schiller, I_2, 519.

12) Asbach, a. a. O., 204 u. Panzer, Die Eroberung Britanniens bis auf Agricola, 176 f.

13) Das war unter Vespasian bei den nicht eponymen Consulaten das Gewöhnliche; siehe Asbach, a. a. O., 201 ff.

14) Tac., Agr., 9: post consulatum (filiam mihi) collocavit, et statim Britanniae praepositus est. Dieses statim würde aber gar nicht passen, wenn ein Jahr (bis Herbst 78) bis zu seiner Statthalterschaft verstrichen wäre, wie (letzteres) Tillemont, a. a. O. II, in den Notes sur Tite, III und auch Mommsen, RG, V, 165 ff annimmt. Wenn es im c. 18 heißt: hunc statum, has bellorum vices media iam aestate transgressus invenit, so stimmt diese Zeitangabe, die mit transgressus zu verbinden ist und wobei wir etwa an den Juli denken können, genau mit einem zweimonatlichen Consulat.

Nachfolger des tüchtigen Sext. Julius Frontinus, der die Siluren im südlichen Wales zur Anerkennung der römischen Herrschaft gezwungen hatte.[1]) Noch im selben Herbst, da Agricola das Commando übernahm, unterwarf er die Ordoviker (im nördl. Wales) und gewann die Insel Mona (Anglesey) wieder der römischen Herrschaft.[2]) Von dieser Zeit an ist hier von activem Widerstande keine Rede mehr. Dann gieng er nach dem Norden, wo er die Stelle des ersten von Vespasian ernannten Statthalters Petillius Cerealis übernahm. Vor allem schuf er sich eine Flotte, die unter ihm von vorübergehender Bedeutung wurde.[3]) Im Jahre 79 drang er, gestützt auf diese, bis zu dem Firth of Tay in die Gegend von Perth und Dundee[4]) vor.[5]) Für diese Erfolge in Schottland nahm Titus zum 15. male den Imperatortitel an, und es ist nicht zu bezweifeln, dass auch die Annahme desselben zum 16. und 17. male[6]) in beiden folgenden Jahren auf die bezüglichen Erfolge der Römer in Britannien zurückzuführen ist. Wenn sich Agricola im Sommer 80 damit begnügte, den Grenzgürtel von Forts etwas südlicher als die nördlichste bisher erreichte Linie anzulegen, nämlich zwischen dem Firth of Forth und Firth of Clyde, so hatte er hiebei die günstigste Stelle des ganzen Inselreiches gefunden, da es hier bis auf eine Enge von 6 geographischen Meilen abgeschnürt ist.[7]) Im folgenden Jahre, im Todesjahre des Titus, setzte er über den Sund und besetzte den gegen Irland gerichteten Theil von Britannien mit Truppen.[8]) Denn von hier aus wollte er die genannte Insel besetzen. Die folgenden Unternehmungen fallen schon unter Domitian, von dem er die Ehreninsignien des Triumphators erhielt.[9]) Gewiss bekam er sie nicht von Titus,[10]) den Tacitus merkwürdigerweise im ganzen „Agricola“ nicht ein einzigesmal erwähnt. Das ist bedenklich; es muss etwas nicht ganz in

---

1) Tac., Agr., 17.

2) Ebenda, 18.

3) Dass damals Britannien zum erstenmale auch im Norden — an eine vollständige Umsegelung ist nicht zu denken, sondern bloß an die bisher noch nicht versuchte des nördlichen Theiles — umsegelt wurde und so die längst erkannte Insularität durch die That bewiesen wurde, berichtet Tacitus im allgemeinen Theile über Britannien (Agr., 10): hanc oram novissimi maris tunc primum Romana classis circumvecta insulam esse Britanniam adfirmavit. Die Erzählung Dios (LXVI, 20) geht zurück auf Tac., Agr., 28, wo von einer aufständischen Cohorte von Usipiern erzählt wird, die Britannien umsegelten. Tacitus sagt zwar nicht direct, dass dies die erste Umfahrung der Insel war, dürfte aber wohl dasselbe meinen mit den Worten: magnum ac memorabile facinus ausa est. Nach dieser Stelle würde die erste Umschiffung aber erst (nach unserer Datierung) in das Jahr 82 (eadem aestate, d. i. im 6. Amtsjahre des Agricola) und nicht, wie die Stelle, an die Dio diese Geschichte setzt, etwa schließen ließe, schon 79 fallen.

4) Tillemonts (a. a. O., II, Tite, article 7) und Mommsens (RG. V., 167) Ansicht, dass das aestuarium des Tanaus (Tac., Agr., 22) der Firth of Tay sei, halte ich für die richtige. Wenn Panzer (a. a. O., 177.[1]) es mit dem Solway Firth identificiert, der ziemlich weit südlich von dem vorgenannten Firth of Tay liegt, so müsste doch im 4. Jahr des Agricola von der Eroberung des Landes bis zu letzterem die Rede sein, was aber nicht der Fall ist. Tac. sagt nur (Agr., 23): quarta aestas obtinendis quae percucurrerat insumpta. Vgl. auch die Mommsens RG., V beigebundene Karte Nr. IV.

5) Tac., Agr., 22: tertius expeditionum annus.

6) Münzen siehe bei Eckhel, VI, 357 f.

7) Mommsen, RG., a. a. O.

8) Tac., Agr., 24.

9) Ebenda, 40.

10) Zwar steht dies in der Dindorf'schen Ausgabe des Dio (LXVI, $20_{,3}$): καίπερ τὰς ἐπινικίους τιμὰς παρὰ τοῦ Τίτου λαβών. Allein abgesehen davon, dass dies auch Tacitus müsste gewusst haben und dann auch bemerkt hätte, so wäre ihm diese Ehrung doch von Domitian nicht mehr zutheil geworden, da eine solche einer und derselben Person und noch dazu in demselben Kriege nie mehr als einmal verliehen wurde. Es ist demnach für diese Stelle entschieden die Lesart der Ausgabe von Sturz: παρ' αὐτοῦ τούτου (auf das vorhergehende Δομιτιανοῦ sich beziehend) vorzuziehen.

Ordnung gewesen sein. Mindestens ebenso auffallend ist es aber, dass sich in Britannien keine einzige Inschrift fand, die den Titus oder Agricola nennt.[1])

Jedenfalls hat auch Titus an der Einbeziehung des Neckarthales in römisches Gebiet seinen Antheil, wenngleich die Einrichtung der dort errichteten Grenzwehr hauptsächlich als Werk Domitians aufzufassen ist. Wahrscheinlich hat schon sein Vater die Besetzung des Gebietes begonnen, in dem durch Anlegung der „Flavischen Altäre“ (an der Neckarquelle beim heutigen Rottweil) ein Mittelpunkt vielleicht für das rechtsrheinische neue Obergermanien geschaffen werden sollte.[2]) Der Name „Flavische Altäre“ weist gewiss auf einen der Söhne Vespasians als Urheber hin; auf welchen von beiden, muss allerdings dahingestellt bleiben.

Vermuthungen können wir betreffs der späteren Provinz Assyria[3]) haben, bezüglich der Vorgänge bei den Parthern zur Zeit des Titus. Die Parther scheinen damals in einer Epoche rascher Thronwechsel gestanden zu sein,[4]) und einer der um den Thron streitenden Prätendenten war Artabanus. Wahrscheinlich erklärte sich Titus gegen ihn, und aus Rache nahm jener einen kleinasiatischen Prätendenten des römischen Principates namens Terentius Maximus auf, der seine Ähnlichkeit mit Nero benützte, um unter dem Namen dieses Kaisers, der bei den Parthern besondere Sympathien genossen hatte, aufzutreten, und am Euphrat wirklich Zulauf gefunden hatte.[5]) Sonst herrschte im Reiche Frieden, als dessen Hüter man Titus schon während seiner Mitregentschaft bezeichnete.[6]) Mehr wissen wir über seine äußere Regierung nicht.

Ob der Bischof Linus von Rom erst unter Titus gestorben ist, wie Eusebius und Zonaras meinen, ist nicht festzustellen.[7]) Von den heidnischen Autoren, die dieser Zeit näher stehen als die beiden genannten christlichen, nennt keiner den Papst neben dem Kaiser.

Titus starb in der Heimat seines Vaters in demselben Hause wie dieser,[8]) wohin er sich im September 81 begab. Angeblich wurde er in der

---

[1]) Hübner im CJL, VII, S. 3.

[2]) Vgl. hierüber Mommsen, RG, V, 138 f.

[3]) Vgl. Marquardt St.V, III, 436.

[4]) Das ergibt sich aus den Münzen. Vgl. Mommsen, RG, V, 397[1].

[5]) Diese Nachrichten bei Zonaras, XI, 18. Wahrscheinlich ist es derselbe falsche Nero, den Tacitus (Hist., I, 2), vielleicht auch derselbe, den Sueton (Nero, 57) erwähnt, obwohl nach Suet. das Auftreten desselben erst 20 Jahre nach des wirklichen Nero Tod fällt. Indessen wird es unter der Anzahl der falschen Neronen (Tac., Hist., II, 8) mehr als einen gegeben haben, der aus den oben angegebenen Gründen gerade bei den Parthern auftrat.

[6]) Auf einer Inschrift in Valencia: Caesari Tito imperatori Vespasiano Augusti Vespasiani filio conservatori pacis Augustae (CJL, II, 3732).

[7]) Zon., XI, 18. Clinton gibt folgende Zusammenstellung der päpstlichen Regierungsdaten (FR, II. Appendix, 537 f.): Nach Euseb., Hist. eccl., stirbt Linus nach i. J. 66 angetretenem 14-jährigen Pontificat (also 79 od. 80), nach desselben Chronicon nach i. J. 68 angetretenem 12-jährigen Pontificat (also auch 79 od. 80). Nach Syncellus starb der Papst dieses Namens schon im Jahre 68 nach einer Regierung von 12 Jahren, 14 Monaten, 12 Tagen, dann folgt i. J. 68 Clemens mit 9 J., 11 M., 12 T. und im Jahre 76 ein Papst (Cletus). Im liber pontificalis bei den Acta concil., tom. I, der dem Damasus zugeschrieben wird, kommt Linus i. J. 56 auf den päpstlichen Stuhl und regiert 11 J., 3 M., 12 T., dann folgt Cletus mit 12 J., 1 M., 11 T., i. J. 68 Clemens mit 9 J., 0 M., 0 T. und endlich i. J. 84 Anacletus mit 9 J., 3 M., 10 T. Der lib. pontif. schiebt also in die Reihe des Syncellus zwischen Linus und Clemens noch einen Papst ein mit einer nicht in Einklang zu bringenden Regierungsdauer von 12 Jahren. Offenbar sind Cletus und Anacletus eine Person. Das Χρονογραφεῖον σύντομον (in Schönes Eusebius-Ausgabe, I, Appendix IV, col. 68) nennt nach 22 Jahren des Petrus den Linus mit 12 Jahren und als 3. Papst Anaclet mit 12 Jahren „ἐπὶ Τίτου“. In die Sache ist keine rechte Klarheit zu bringen. Tillemont, histoire ecclesiastique de six premiers siècles, II, 587 macht es wahrscheinlich, dass Linus schon im Jahre 78, also noch unter Vespasian gestorben sei.

[8]) In der regum series secundum interpretem Armenum (in Schönes Eusebius-Ausgabe, I Appendix 1, col. 17) heißt es irrthümlich: obiit in Palatio.

ersten Station, die er außerhalb Rom machte, von einem Fieber erfasst, so dass er in einer Sänfte weiter befördert werden musste. Am 13. September erlag er demselben.[1]) Einige aber bezeichneten Domitian als den Mörder seines Bruders, indem sie das Gerücht verbreiteten, er habe ihn vorgeblich, um seine Fieberhitze zu kühlen, in der That aber, um seinen Tod zu beschleunigen, in eine mit Schnee gefüllte Wanne legen lassen. Ein solches Gerücht konnte umsomehr Glauben finden, als das Verhältnis der Brüder kein sehr freundschaftliches gewesen sein kann und Domitian, ohne den letzten Athemzug des Sterbenden abzuwarten, nach Rom sprengte und sich gegen das gewöhnliche Donativ von der Garde zum Kaiser ausrufen ließ.[2]) Letzteres ist ganz in dem Charakter des von seinem Bruder verkürzten Domitian gelegen. An den Mord braucht man jedoch nicht zu glauben.[3]) Das Gerede hierüber kann darauf zurückgehen, dass Titus nach dem Zeugnisse seiner Krankenwärter thatsächlich an den Folgen eines Bades starb.[4]) Vielleicht war seine Gesundheit infolge seiner früheren Lebensweise so zerrüttet, dass er das Bad nicht mehr vertrug. Der Gedanke einer Ermordung ist aber auch deshalb abzuweisen, da Titus selbst nach seiner plötzlichen Erkrankung während der Reise über sein nahes Lebensende nicht mehr im Zweifel war; wenigstens erzählte man in Rom, dass er, als man ihn bereits in der Sänfte tragen musste, die Vorhänge öffnete und gegen den Himmel blickend unter Thränen klagte, dass er so früh sterben müsse.[5]) Es mag dem Liebling der römischen Plebs freilich schwer geworden sein, nach so kurzer Zeit vom Leben scheiden zu müssen. Er stand erst im 42. Lebensjahre und hatte nur 2 Jahre 2 Monate und 22 Tage regiert.[6])

---

[1]) Suet., Tit., 11. Dass er unmittelbar nach Vollendung der Einweihungsspiele ins Sabinische gereist sei, wie man aus Suetons „spectaculis absolutis" schließen könnte, daran ist wohl nicht zu denken; dem widerspricht nicht nur die lange Zeit, die doch von der Einweihung bis zum 13. Sept. 81 verstrich, sondern vielmehr noch der Bericht Dios, der (LXVI, 26) ausdrücklich sagt: „διατελέσας δὲ ταῦτα, ..., οὐδὲν ἔτι μέγα ἔπραξεν, ἀλλὰ τῷ ἐπιγιγνομένῳ ἔτει . . . . μετήλλαξεν", also zwischen die Beendigung der Einweihungsspiele (ebenda, 25) und seine Abreise in die väterliche Heimat eine Zeit einschiebt, „in der er nichts Bemerkenswertes that", die zum mindesten vom 1. Jänner 81 zu rechnen ist (τῷ ἐπιγιγνομένῳ ἔτει).

[2]) Dio, LXVI., $26,_{1-3}$. Suet., Dom., 2: correptum gravi valetudine, priusquam plane efflaret animam, pro mortuo deseri iussit.

[3]) Sueton hätte sich das gewiss nicht entgehen lassen.

[4]) Auf das Zeugnis der Krankenwärter beruft sich Plutarch, der auch ein Zeitgenosse des Titus war — unter den Flaviern war er in Rom Lehrer der Philosophie (vgl. Schäfer, Quellenkunde, II, röm. Gesch., 114) —; Moralia (ed Hercher), de sanitate, 123 D; auch Aur. Vict., Caes,, X, 5 deutet darauf hin, wenn er sagt: lautusque; doch fügt er noch hinzu: veneno interiit.

[5]) Suet., Tit., 10.

[6]) So ist die Zahl genau. Vgl. Clinton FR., I, ad ann. Die genauesten Quellen geben nur 20 Tage. Suet., Tit., 11: excessit . . . . . id. Sept. post biennium ac menses duos diesque XX quam successerat patri altero et quadragesimo. Eutrop, der für diese Zeit nichts anderes ist als ein erweiterter Sueton (vgl. Wachsmuth, Einleitung in das Studium der alten Geschichte, Leipzig 1895, S. 613), sagt VII, 22: post biennium et menses octo dies XX, quam imperator erat factus, aetatis anno altero et quadragesimo. Es ist deutlich ersichtlich, dass Eutrop hier den Sueton benützte, u. zw. indirect durch eine andere Quelle, die aus Sueton schöpfte und hierbei das duos des Sueton für octo verlas oder verschrieb. Aus ebenderselben Quelle, die aus Sueton abschrieb, dürfte auch Aur. Victor geschöpft haben, der das „menses octo dies XX" abrundete und schrieb (Caes., X, 5): biennio post ac menses fere novem. Ich denke, anders ist diese Übereinstimmung in dem gleichen Fehler bei Victor und Eutrop nicht zu erklären, da ja Victor sein Werk vor Eutrop abschloss (vgl. Schäfer, a. a. O., 133 f), daher an eine Benützung des letzteren durch ersteren nicht zu denken ist. Dem Eutrop ist vielleicht die Angabe der „regum series secundum Hieronymi codices" (Schönes Eus.-Ausgabe, I, App. 1 B, col. 36) mit gleichfalls 2 Jahren 8 Monaten entnommen. Dio, LXVI, $18,_{4}$ und $26,_{4}$, und natürlich auch Zon., XI, 18 stimmt genau mit Suet (vgl. auch S. 3 A. 6). Auch die sogenannten Epitome des Aur. Victor (X. 1) setzen dieselbe Zahl wie Sueton. Auch die Angabe im χρονογραφεῖον σύντομον (bei Schöne, a. a. O., col. 100) weicht nur in der Anzahl der Tage (nämlich 2) von den genaueren Quellen ab. Siehe auch die Zusammenstellung bei Clinton FR., II (Appendix) 2.

Die Art und Weise, wie er regierte, war ganz nach dem Sinne des Volkes und auch des Senats gewesen, daher begreifen wir auch die große Trauer um den verstorbenen Kaiser. Noch ehe der Senat durch öffentlichen Anschlag hiezu eingeladen wurde, und ohne dass die Thore der Curie geöffnet worden waren, trat derselbe zusammen und feierte den Todten in einer Weise, wie es Titus in seinem Leben nie erfahren hatte, und erhob ihn auf Domitians Antrag unter die Götter.[1]) Nicht nur in Rom sondern auch in den Provinzen herrschte große Trauer ob seines Hinscheidens.[2]) Ob diese Trauer nach einer längeren Regierungsdauer ebenso groß gewesen wäre, wird mit Recht bezweifelt. Wir sahen die verschwenderische Fülle von Gnadenacten, mit denen Titus sein Volk überschüttete; aber wir sahen auch, welche Riesensummen aus dem von Vespasian so sparsam gehüteten Fiscus diese vielgepriesene Güte verschlang. Es ist doch auffallend, dass man schon im 2. Jahrhundert der Ansicht gewesen zu sein scheint, dass eine längere Regierung den Kaiser in andere Bahnen hätte drängen müssen, und ihn glücklich pries, dass er gerade zur rechten Zeit, auf dem Gipfel seines Ruhmes stehend, vom Tode abberufen wurde; „denn bei längerem Leben wäre gar bald offenbar geworden, dass er mehr mit Glück als tüchtig regierte."[3]) Das ist ein ziemlich herbes Urtheil und sicher nicht ganz unrichtig, gewiss richtiger als eines andern Autors Wort, der seinen plötzlichen Tod ein Unheil nennt, das größer für die Menschheit war als für ihn selbst.[4])

---

[1]) Suet., Dom., 2. Consecrationsmünzen bei Eckhel. VI. 359.
[2]) Aur. Vict., Caes., X. 5.
[3]) Das sagt Dio, LXVI, 18.; und natürlich Zonaras, XI. 18.
[4]) Suet., Tit., 10: maiore hominum damno quam suo.

Geschichtliches über die Entstehung der Anstalt.

Die Stadt Eger besaß bis zum Jahre 1870 eine dreiclassige, unselbständige Unterrealschule. Die Gründung derselben war über Anregung des Lehrkörpers der Kreishauptschule in Eger in der Sitzung des Bürgerausschusses vom 16. September 1852 beschlossen worden.

Die Kosten der Erhaltung dieser Anstalt wurden aus den Stadtrenten bestritten.

Mittelst Erlasses des k. k. Ministeriums für Cultus und Unterricht vom 20. Jänner 1853, Z. 594/54 (intimiert durch den Erlass der k. k. Bezirkshauptmannschaft in Eger unterm 16. Feber 1853, Z. 1549) wurde die Bewilligung zu der bereits provisorisch eröffneten Unterrealschule ertheilt, letztere mit der in Eger befindlichen Kreishauptschule vereinigt und der neugegründeten Anstalt unter einem das Recht zur Ausstellung staatsgiltiger Zeugnisse eingeräumt. Die Anstalt war recht gut besucht.

Mit dem Inslebentreten von Bürgerschulen wurde im Jahre 1870 die Unterrealschule in Eger aufgelassen und an deren Stelle eine dreiclassige Knaben-Bürgerschule errichtet.

Anstalten dieser Kategorie haben den Zweck, ihren Schülern unter Berücksichtigung der Bedürfnisse des gewerblichen und praktischen Lebens eine über den Rahmen der Volksschule hinausgehende Bildung zu geben, die sie zum Besuche von Gewerbe- und Handelsschulen, anderen Fachschulen, Lehrerbildungsanstalten u. s. w. befähigen.

Infolge des riesigen Aufschwunges, den die technischen Wissenschaften in den letzten Jahrzehnten auf allen Gebieten des menschlichen Lebens genommen hatten, wurde auch in Eger das Bedürfnis nach einer die realistische Bildung vermittelnden Anstalt, die zum Besuche technischer Hochschulen befähigt, ein immer größeres. Der Bürgerausschuss von Eger hatte in seiner Sitzung vom 8. August 1870 allerdings die Umwandlung der unselbständigen Unterrealschule in eine dreiclassige Bürgerschule beschlossen, gleichzeitig aber auch den Beschluss gefasst, bei der hohen Regierung die Bitte um Umwandlung der vier Unterclassen des in Eger bestehenden Staatsgymnasiums in ein Realgymnasium zu stellen, damit Schülern nach Absolvierung dieser Classen die Möglichkeit geboten sei, an eine Oberrealschule übertreten und sich technischen Studien widmen zu können.

Die Umwandlung der Unterrealschule in eine Knaben-Bürgerschule wurde zwar mit Erlass des k. k. Landesschulrathes vom 12. September 1870, Nr. 5137 bewilligt, das Lehrpersonale der Unterrealschule provisorisch für die neue Bürgerschule übernommen, die Erhaltung der Anstalt dem Bezirke übertragen, die der Unterrealschule gehörigen Sammlungen der Bürgerschule einverleibt, bezüglich der Umwandlung der Unterclassen des Egerer Staatsgymnasiums in ein Realgymnasium jedoch wurde die Stadtgemeinde angewiesen, ein vollständig instruiertes Gesuch beim k. k. Ministerium für Cultus und Unterricht zu überreichen.

Auf die diesbezügliche Eingabe vom 23. October 1871 erhielt die Gemeindevertretung unterm 16. October 1873 nachfolgenden Bescheid der k. k. Bezirkshauptmannschaft in Eger vom 14. October 1873, Z. 6581:

„Seine Excellenz der Herr Minister für Cultus und Unterricht hat mit Erlass vom 1. October 1873, Z. 2756 Nachstehendes dem k. k. Landesschulrathe eröffnet: Die von der Egerer Stadtvertretung an mich gerichtete Bitte, betreffend die Umwandlung der Unterclassen des dortigen Gymnasiums in ein Realgymnasium, vermag ich wegen principieller Anstände nicht zu gewähren. Gleichwohl trage ich kein Bedenken, die Einführung obligatorischen Zeichenunterrichtes in den vier unteren Classen unter der Voraussetzung zu gestatten, dass dieser Unterricht einem ordentlich qualificierten Lehrer übertragen wird, und unter der Bedingung, dass die Stadtvertretung einen ganz entsprechenden Zeichensaal herstellt."

Da durch die alleinige Einführung des obligatorischen Zeichenunterrichtes in den vier unteren Classen der angestrebte Zweck, nämlich den Schülern nach Absolvierung dieser Classen den Übertritt an eine Oberrealschule zu ermöglichen, nicht erreicht wird, beschloss die Gemeindevertretung, auf die vom k. k. Ministerium für Cultus und Unterricht gemachten Vorschläge nicht einzugehen, und wurde hievon die k. k. Bezirkshauptmannschaft mit Zuschrift vom 14. November 1873, Z. 3548 in Kenntnis gesetzt.

In Anbetracht der dringenden Nothwendigkeit einer realistischen Anstalt für die Stadt und deren Umgebung wurde jedoch durch die Stadtvertretung bereits mittelst Gesuch vom 12. December 1874, Z. 4370 beim k. k. Ministerium für Cultus und Unterricht um die Errichtung einer Staats-Oberrealschule neuerlich angesucht, und zwar sollte, um die Errichtung mit möglichst wenig Kosten zu bewerkstelligen, das bestehende Untergymnasium in ein Realgymnasium umgewandelt, für die oberen Classen aber ein doppelter Ausbau für die humanistischen und realistischen Fächer durchgeführt werden.

Auch dieses Ansuchen wurde mittelst Erlasses des k. k. Ministeriums für Cultus und Unterricht vom 22. Mai 1875, Z. 3025 mit Rücksicht auf die finanzielle Lage des Staates einerseits sowie auch aus principiellen Bedenken gegen eine derartige Doppelanstalt abschlägig beschieden.

Auch der neuerlichen, wohlmotivierten Eingabe der Stadtvertretung vom 24. Mai 1876, Z. 2233 an das k. k. Ministerium für Cultus und Unterricht um Errichtung einer vollständigen Oberrealschule oder Gewerbeschule in Eger auf Staatskosten wurde mit Berufung auf die financielle Lage des Staates dasselbe Schicksal zutheil.

Im Jahre 1878 petitionierte der Gewerbeverein in Eger mittelst Eingabe vom 2. April 1878 an das k. k. Ministerium für Cultus und Unterricht um die Errichtung einer Staatsgewerbeschule. Dem Ansuchen wurde mittelst Erlasses des k. k. Ministeriums für Cultus und Unterricht vom 11. December 1879, Z. 13131 aus dem früher angegebenen Grunde nicht willfahrt, dagegen wurde die vorläufige Errichtung einer niederen gewerblichen Lehranstalt bewilligt.

So wurde denn eine Zeichen- und Modellierschule in Eger gegründet.

Da diese jedoch dem angestrebten Zwecke nicht entsprach, wurde an deren Stelle eine gewerbliche Fortbildungsschule errichtet, welche noch heute besteht und zu deren Erhaltung die Stadtgemeinde den größten Theil der Kosten bestreitet.

In der Gemeindeausschuss-Sitzung vom 25. Jänner 1897 wurde beschlossen, beim k. k. Ministerium für Cultus und Unterricht neuerlich um die Errichtung einer Staats-Oberrealschule anzusuchen.

Mit Erlass des k. k. Landesschulrathes vom 18. März 1897, Z. 5203 wurde die k. k. Bezirkshauptmannschaft in Eger zur Berichterstattung über das gestellte Ansuchen aufgefordert.

Als nach Ablauf einer größeren Frist eine Erledigung dieses Ansuchens von Seite des k. k. Ministeriums für Cultus und Unterricht nicht einlangte, wurden neuerliche Eingaben gemacht, in welchen sich die Stadt Eger bereit erklärte, aus Eigenem ein entsprechendes Schulgebäude zu bauen, die Kosten der Beleuchtung, Beheizung sowie auch der übrigen sachlichen Bedürfnisse zu tragen und endlich die gesammten Kosten für die ersten 3 Jahre der staffelweise zu errichtenden Anstalt zu bestreiten.

Abordnungen der Stadtvertretung unterstützten persönlich diese Ansuchen sowohl beim Landesausschusse als auch beim k. k. Ministerium für Cultus und Unterricht.

Am 30. September 1898 langte beim Stadtrathe in Eger der nachfolgende vom k. k. Bezirksschulrathe Eger unterm 20. September 1898, Z. 2597 intimierte Erlass des k. k. Landesschulrathes vom 16. September 1898, Z. 29807 ein:

„Seine Excellenz der Herr Minister für Cultus und Unterricht hat mit dem Erlasse vom 6. September 1898, Z. 23891 eröffnet, dass dem Ansuchen der Stadtgemeinde Eger um Errichtung einer Staats-Oberrealschule daselbst keine Folge gegeben wird.“

Sehr bald nach Einlangen dieses abschlägigen Bescheides wurden Stimmen in der Bevölkerung nach Errichtung einer Communal-Realschule in Eger laut. Man zog zunächst competenten Ortes Erkundigungen über die Kosten einer neuzuerrichtenden Realschule ein, und auf Grund derselben beschloss der Gemeindeausschuss in der Sitzung vom 20. März 1899 einstimmig die Errichtung einer Communal-Oberrealschule mit Beginn des Schuljahres 1899/1900. Unter einem wurde der Stadtrat mit der Durchführung der weiteren Schritte betraut.

In der Gemeindeausschuss-Sitzung vom 19. April wurde der Wortlaut der Eingabe an das k. k. Ministerium für Cultus und Unterricht, betreffend die Errichtung einer Communal-Oberrealschule in Eger mit Beginn des Schuljahres 1899/1900, sowie auch der Wortlaut der Concursausschreibung der zu besetzenden Directorstelle genehmigt. In derselben Sitzung wurde zugleich die Eröffnung der I. und II. Classe sowie auch die provisorische Unterbringung derselben im Schulgebäude „Rudolphinum“ beschlossen. Mit der hiedurch nothwendigen Verschiebung der in Betracht kommenden Localitäten der Knaben-Volks- und Bürgerschule erklärte sich sowohl der Ortsschulrath als auch der k. k. Bezirksschulrath einverstanden.

Eine lebhaftere Debatte entspann sich in der nämlichen Sitzung betreffs des Bauplatzes für die neuzuerrichtende Anstalt. Während die Mehrheit der Baucommission beantragte, das Realschulgebäude auf dem städtischen Platze zwischen der Theater- und Schanzstraße zu errichten, entschied sich der andere Theil der Baucommission für die Bruckthoranlagen bei der Egerbrücke. In namentlicher Abstimmung wurde endlich der erstere Bauplatz mit Stimmenmajorität für die Errichtung der Anstalt bestimmt.

Allein schon in der am 30. Mai 1899 abgehaltenen Sitzung des Gemeindeausschusses wurde, und zwar infolge eines eingebrachten Protestes der Bewohner des unteren Stadttheiles gegen den Beschluss vom 19. April 1899, betreffend den vorerwähnten Bauplatz für die Realschule, beschlossen, die

Platzfrage für die Erbauung des Realschulgebäudes nochmals zu überprüfen und die gesammten Acten der Baucommission zur neuerlichen Berichterstattung zuzuweisen.

So blieb denn die Platzfrage bis auf weiteres unerledigt.

In der Gemeindeausschuss-Sitzung vom 17. Juli 1899 theilte der Vorsitzende, Herr Bürgermeister Dr. Gustav Gschier, mit, dass die Egerer Sparcasse aus dem im Verwaltungsjahre 1898 erzielten Reingewinne unter anderem als Beitrag zur Errichtung einer Communal-Realschule den namhaften Betrag von 28 000 K gewidmet hat, welche Widmung mit dem Erlasse der k. k. Statthalterei vom 10. Juni 1899, Z. 86 621 genehmigt wurde.

Noch war jedoch die grundsätzliche Bewilligung zur Errichtung der Anstalt auf das gestellte Ansuchen der Gemeinde an die Unterrichtsverwaltung nicht ertheilt worden. Dieselbe langte am 22. Juli beim Stadtrathe ein.

Laut Erlasses des k. k. Ministeriums für Cultus und Unterricht vom 13. Juli 1899, Z. 18 610 (intimiert durch den Erlass der k. k. Bezirkshauptmannschaft in Eger vom 22. Juli 1899, Z. 22 145) wurde die Errichtung einer Privat-Oberrealschule auf Kosten der Stadtgemeinde genehmigt.

Mittelst desselben Erlasses wurde der k. k. Landesschulrath zugleich ermächtigt, die Bewilligung zur Eröffnung der I. und II. Classe mit Beginn des Schuljahres 1899/1900 bei Vorhandensein der gesetzlichen Bedingungen zu ertheilen.

Auf Grund des vorcitierten Erlasses konnte an die Besetzung der Directorstelle geschritten werden.

Die Besetzung erfolgte in der Gemeindeausschuss-Sitzung vom 25. Juli 1899. Um die Stelle waren 8 Bewerber eingeschritten, 3 hievon hatten ihre Gesuche wieder zurückgezogen.

Von den übrigbleibenden 5 Bewerbern wurde der Professor am städtischen Kaiser-Franz-Josef-Obergymnasium in Karlsbad, August Fieger, zum Director der neuzuerrichtenden Realschule ernannt und um dessen Bestätigung beim k. k. Landesschulrathe in Böhmen mittelst Eingabe vom 27. Juli 1899, Z. 7268 angesucht.

Mittelst Erlasses des k. k. Landesschulrathes vom 8. August 1899, Nr. 26 271 wurde die Ernennung des Directors genehmigend zur Kenntnis genommen.

Entsprechend der Concursausschreibung trat der neuernannte Director bereits am 1. August seinen Dienst an.

Seine Aufgabe war es vor allem, die weiteren Schritte zu veranlassen, damit rechtzeitig beim k. k. Landesschulrathe um die Bewilligung zur Eröffnung der beiden ersten Classen angesucht werden könne.

Zunächst mussten die nöthigen Lehrkräfte gewonnen und die erforderlichen Lehrmittel bestellt werden. Zu diesem Zwecke wurde die Ausschreibung dreier Lehrstellen, und zwar für moderne Sprachen, für Freihand- und geometrisches Zeichnen und für Geographie und Geschichte, mit der Rechtswirksamkeit der Anstellung vom 1. August 1899 unter Zusicherung der durch das Gesetz vom 19. September 1898 normierten Bezüge veranlasst.

Die vorgeschriebenen Lehrmittel, insbesondere für Geographie und Geschichte, Naturgeschichte, geometrisches und Freihandzeichnen, wurden sofort bestellt und mit der Einrichtung der für die Realschule bestimmten Räumlichkeiten im II. Stocke des Rudolphinums begonnen.

Um über die Zahl der eintretenden Schüler rechtzeitig Klarheit zu gewinnen, fanden ausnahmsweise die Einschreibungen schon vom 15. August an täglich von 9—11 Uhr vormittags statt. Mittelst Erlasses des k. k. Landesschulrathes vom 24. August 1899, Nr. 27 069 wurde auf die Eingabe des

Stadtrathes vom 7. August 1899, Z. 7504 die Bewilligung zur Eröffnung der beiden ersten Classen der Communal-Realschule in Eger mit Beginn des Schuljahres 1899/1900 ertheilt.

In der Gemeindeausschuss-Sitzung vom 28. August 1899 wurde über Vorschlag des Directors die zu besetzende Lehrstelle für Freihand- und geometrisches Zeichnen dem Supplenten an der deutschen Staats-Realschule in Budweis, Josef Kober, verliehen und der Stadtrath zugleich ermächtigt, die Besetzung der Lehrstelle für moderne Sprachen nach Einlangen der noch ausständigen Documente eines Bewerbers vorzunehmen.

Letztere Stelle wurde in der Stadtrath-Sitzung vom 5. September dem Professor an der höheren Handelsschule in Olmütz, August Hauptmann, verliehen.

Da die Zahl der für die I. Classe eingeschriebenen Schüler am 10. September bereits 55 betrug, auch noch weitere Anmeldungen voraussichtlich waren, musste schon jetzt mit der Theilung der I. Classe gerechnet und infolge dessen an die Bestellung einer weiteren Lehrkraft gedacht werden.

Dementsprechend wurde denn auch in der Gemeindeausschuss-Sitzung vom 10. September 1899 über Vorschlag des Directors die Lehrstelle für Geographie und Geschichte durch den Supplenten an der k. k. Staats-Realschule im IV. Bezirke in Wien, Dr. Gustav Mayer, besetzt.

In der nämlichen Sitzung wurde der aus katholischer Religion für Mittelschulen approbierte Katechet an der Knaben-Bürgerschule in Eger, P. Josef Pecher, als Hilfslehrer zur Ertheilung des katholischen Religionsunterrichtes bestellt.

Mit der Ertheilung des naturgeschichtlichen Unterrichtes wurde der k. k. Professor am k. k. Staatsgymnasium in Eger, Josef Dimter, mit jener für das Turnen der k. k. Übungsschullehrer an der k. k. Lehrerbildungsanstalt in Eger, Adam Kirschnek, betraut.

Um die Bestätigung beziehungsweise Genehmigung der Anstellung sämmtlicher bestellten Lehrpersonen wurde beim k. k. Landesschulrathe durch den Stadtrath sofort angesucht, und wurde dieselbe auch in allen Fällen ertheilt.

Unterdessen waren die Adaptierungsarbeiten sowie auch die Einrichtung der für die neue Anstalt bestimmten Schulräumlichkeiten beendet. Die Gänge und die Treppenabsätze waren mit gerippten Chamotteplatten belegt, in den Schulzimmern, dem Zeichensaale, dem Lehrmittelzimmer, dem Conferenzzimmer und der Directionskanzlei waren neue Eichenfliesböden gelegt und neue große, von den Gängen aus heizbare Thonöfen gesetzt worden. Sämmtliche Schulzimmer erhielten Gasbeleuchtung. Die Abortanlagen wurden reconstruiert und mit Closets- und Pissoirschalen versehen. Die nöthigen Schultafeln und Katheder waren neugefertigt, die Lieferung moderner, praktischer Schulbänke durch die Firma Karl Gasch in Chodau besorgt worden.

Sämmtliche Einrichtungsgegenstände wurden rechtzeitig geliefert, und als der 16. September herankam, da repräsentierten sich die stattlich eingerichteten Schulräumlichkeiten der neuen Anstalt auf das beste.

Auch die bei der Firma „A. Pichlers Witwe u. Sohn“ in Wien bestellten Lehrmittel langten mit Beginn des Schuljahres ein.

Mit 16. September begannen die Aufnahmsprüfungen für die I. und II. Classe. Von den 72 für die I. Classe angemeldeten Schülern wurden 68 aufgenommen, 4 zurückgewiesen. Es mussten demnach für die I. Classe Parallelabtheilungen geschaffen werden. Zur Aufnahme für die II. Classe meldeten sich im ganzen 24 Schüler. Von diesen wurden 9 auf Grund der vorgelegten Abgangszeugnisse von anderen Realschulen aufgenommen; von den übrigen 15 Schülern besuchten im Schuljahre 1898/99 6 die Bürgerschule, 1 die Volksschule und 8 die I. oder II. Classe eines Gymnasiums. Diese mussten sich einer Aufnahmsprüfung theils aus allen, theils aus einigen Gegenständen, die in der I. Classe einer Realschule gelehrt werden, unterziehen.

Auf Grund der Aufnahmsprüfungen, die vom 16.—18. September vorgenommen wurden, wurden 13 Schüler aufgenommen, 2 dagegen zurückgewiesen, so dass die II. Classe zu Beginn des Schuljahres 22 Schüler zählte.

Von den für beide Classen im ganzen aufgenommenen 90 Schülern sind 50 Ortsangehörige, 40 von auswärts. Letztere sind in Kosthäusern untergebracht, an welchen in Eger kein Mangel besteht. Die Preise für Kost und Wohnung variieren zwischen 30—60 K.

Am 19. September erfolgte die Eröffnung der Anstalt mit einem feierlichen Hochamte in der Decanalkirche, welchem außer dem gesammten Lehrkörper und den katholischen Schülern der Anstalt der Bürgermeister, Herr J.U.Dr. Gustav Gschier, mit dem Stadtrathe und vielen Stadtverordneten beiwohnte. Nach dem Gottesdienste besichtigten der Herr Bürgermeister und die Stadtverordneten unter Führung des Directors die neuen Schulräumlichkeiten und sprachen sich alle äußerst lobend über die solide und elegante Einrichtung derselben aus.

Am selben Tage nachmittags um 2 Uhr wurden den Schülern die Disciplinarvorschriften verlesen und der Stundenplan bekanntgegeben. Am 20. September begann der regelmäßige Unterricht.

Nach vieljährigem erfolglosen Bemühen, für Eger eine realistische Staatslehranstalt zu erhalten, hatte sich die Gemeindevertretung in Anbetracht des immer größer werdenden Bedürfnisses nach einer solchen Anstalt für die Bevölkerung der Stadt und der Umgebung endlich bemüssigt gesehen, aus eigenen Mitteln an die Errichtung einer Realschule zu schreiten.

Möge die junge Anstalt, deren Gründung nur der großen Opferwilligkeit der Egerer Bevölkerung zu danken ist, blühen und gedeihen zu Nutz und Frommen aller Bewohner des Egerlandes, möge dieselbe einer recht segensvollen Zukunft entgegengehen!

Schulnachrichten.

I. Personalstand.

a) Veränderungen im Lehrkörper.

Es schied im Laufe des Schuljahres aus:

Johann Dimter, k. k. Professor am k. k. Staats-Gymnasium in Eger, Hilfslehrer für Naturgeschichte, infolge Ernennung zum k. k. Bezirksschulinspector für die Schulbezirke Asch und Eger (M.-E. v. 8. März 1900, Z. 3923; L.-S.-R.-E. v. 15. März 1900, Nr. 10612).

Es trat ein:

Anton Kramer, Lehrer an der Mädchen-Bürgerschule in Eger, Supplent für Naturgeschichte (M.-E. v. 23. April 1900, Z. 9249; L.-S.-R.-E. v. 30. April 1900, Nr. 16608).

b) Beurlaubungen.

Beurlaubungen für längere Zeit kamen im Verlaufe des Schuljahres nicht vor.

c) Stand des Lehrkörpers am Schlusse des Schuljahres und Lehrfächervertheilung.

Zahl	Name und Charakter	Lehrfach	Classe	Zahl der wöchentl. Stunden	Anmerkung
1.	August Fieger, Director.	Arithmetik, Geom. Formenlehre.	Ia, II; Ia.	7	
2.	August Hauptmann, Professor.	Französ. Sprache.	Ia, Ib, II.	17	Ordinarius der II. Classe, Verwalter der Schülerbibliothek.
3.	Josef Kober, Professor.	Arithmetik, Geom. Formenlehre, Geom. u. geo. Zeichn., Freihandzeichnen, Kalligraphie.	Ib; Ib; II; Ia, Ib, II; Ia, Ib, II.	22	Ordinarius der Ib-Classe, Verwalter der Lehrmittelsammlung für Zeichnen.
4.	Dr. Gustav Mayer, Professor.	Deutsche Sprache, Geographie, Geschichte, Gesang.	Ia, Ib, II; Ia, Ib, II; II; Ia, Ib, II.	23	Ordinarius der Ia-Classe, Verwalter der Lehrerbibliothek und der geographischen Sammlung.

Zahl	Name und Charakter	Lehrfach	Classe	Zahl der wöchentl. Stunden	Anmerkung
5.	Anton Kramer, Supplent.	Naturgeschichte seit 19. März.	Ia, Ib, II.	6	Verwalter der naturhistorischen Sammlung.
6.	Josef Pecher, kathol. Religionslehrer.	Religion.	Ia, Ib, II.	6	Weltpriester, Exhortator für die kathol. Schüler, Bürgerschulkatechet.
7.	Emanuel Schwartz, Dr. phil. der Universität Gießen, israel. Religionslehrer.	Israelitische Religionslehre.	Ia, Ib.	2	Rabbiner der israel. Cultusgemeinde in Eger.
8.	Adam Kirschnek, Nebenlehrer.	Turnen.	Ia, Ib, II.	6	k. k. Übungsschullehrer an der k. k. Lehrerbildungsanstalt in Eger.
9.	Karl Walter, Nebenlehrer.	Böhmische Sprache.	Ia, Ib, II.	2	k. k. Professor am k. k. Staats-Gymnasium in Eger.

d) Diener.

Lorenz Markl, Schuldiener.

II. Lehrplan.

Mittels hohen Erlasses des k. k. Ministeriums für Cultus und Unterricht vom 20. August 1898, Z. 17340 (L.-Sch.-R.-E. v. 9. September 1898, Z. 29230) wurde der nachfolgende, mit Ministerial-Verordnung vom 23. April 1898, Z. 10331, kundgemachte Normallehrplan zur Anwendung an allen öffentlichen Realschulen mit deutscher Unterrichtssprache in Böhmen vom Schuljahre 1898/99 angefangen vorgeschrieben.

Der Unterricht wurde entsprechend diesem neuen Lehrplane ertheilt.

Obligate Gegenstände.

(Die eingeklammerten Zahlen bedeuten die wöchentliche Stundenzahl.)

I. Classe.

Katholische Religionslehre: Die Glaubenslehre und Gnadenmittellehre. (2).

Deutsche Sprache: Die Wortarten, die regelmäßigen Erscheinungen der Formenlehre, Syntax des einfachen Satzes, Elemente der Satzverbindung und des Satzgefüges. Praktische Übungen in der Orthographie mit gelegentlicher Vorführung der Hauptregeln derselben. Lautrichtiges und sinngemäßes Lesen, Erklärung des Gelesenen, Besprechung und freie Wiedergabe des Gelesenen. Memorieren und Vortragen poetischer und prosaischer Stücke. Im I. Semester, etwa bis Weihnachten, jede Woche ein Dictat (15 bis 20 Minuten) vorwiegend zu orthographischen Zwecken, dann bis zum Schlusse des Schuljahres alle vier Wochen zwei Dictate, eine Schul- und eine Hausaufgabe. Wiedergabe frei mitgetheilter oder vorgelesener kleiner Erzählungen von syntaktisch einfacher Art. (4).

Französische Sprache: Laut- und Leselehre. Elemente der Formenlehre aller Redetheile; vom Verbum insbesondere avoir und être sowie die erste Conjugation mit Ausschluss aller Unregelmäßigkeiten und des Passivums; die fragende und verneinende Satzform. Kleine zusammenhängende Lesestücke als Grundlage für elementare mündliche und schriftliche Übungen. Memorieren erklärter Texte. Aneignung eines zweckentsprechenden Wortvorrathes. Von Weihnachten bis zum Schlusse des I. Semesters vier kurze Dictate im engsten Anschlusse an gut durchgearbeiteten Lehrstoff. Im II. Semester sieben Dictate und sieben Schulaufgaben. Stoff der Dictate wie im I. Semester; für die Schulaufgaben: Niederschreiben eines gut durchgearbeiteten zusammenhängenden Stückes; Beantwortung einfacher französischer Fragen, die sich an den Übungsstoff anschließen. Grammatische Umformung eines durchgearbeiteten Textes. (6).

Geographie: Anschauliche Vermittlung der geographischen Grundbegriffe, soweit dieselben zum Verständnisse der Karte nothwendig sind. Die Tagesbahnen der Sonne in Bezug auf das Schulhaus und den Schulort in verschiedenen Jahreszeiten; hienach Orientierung in der wirklichen Umgebung, auf der Karte und am Globus. Beschreibung und Erklärung der Beleuchtungs- und Erwärmungsverhältnisse innerhalb der Heimat im Verlaufe eines Jahres, soweit sie unmittelbar von der Tageslänge und der Sonnenhöhe abhängen. Die Hauptformen des Festen und Flüssigen in ihrer Vertheilung auf der Erde, sowie die Lage der bedeutendsten Staaten und Städte der einzelnen Erdtheile in übersichtlicher Weise. Einführung in das Kartenlesen und fortwährende Übung in demselben. Versuche im Zeichnen der einfachsten geographischen Objecte, welche mit der Karte in Verbindung stehen. (3).

Arithmetik: Das dekadische Zahlensystem. Römische Zahlzeichen. Die vier Grundoperationen mit unbenannten und einnamigen ganzen Zahlen und Decimalbrüchen. Erklärung des metrischen Maß- und Gewichtssystems. Vorübungen in einfachen Schlussrechnungen. Theilbarkeit der Zahlen; Zerlegung in Primfactoren; größtes gemeinsames Maß und kleinstes gemeinsames Vielfache. Die vier Grundoperationen mit gemeinen Brüchen. Verwandlung derselben in Decimalbrüche und umgekehrt. Das Rechnen mit mehrnamigen Zahlen. Vier Schulaufgaben in jedem Semester; außerdem kleine Übungsaufgaben, die von Stunde zu Stunde zu häuslicher Bearbeitung aufgegeben werden. (3).

Geometrische Formenlehre: Grundbegriffe der Geometrie und anschauliche Erklärung der elementaren Körperformen: Würfel, Prisma, Pyramide, Cylinder, Kegel und Kugel. Erläuterung der wichtigsten ebenen geometrischen Gebilde und ihrer charakteristischen Merkmale auf dem Wege der Anschauung. (1).

Naturgeschichte: Die ersten sechs Monate des Schuljahres: Thierreich u. z. Säugethiere und Vögel. Die vier letzten Monate des Schuljahres: Pflanzenreich u. z. eine Auswahl solcher Samenpflanzen, deren Aufbau am geeignetsten erscheint, den Schüler in das Verständnis der Elemente der äußeren Gliederung einer Pflanze einzuführen. (2).

Freihandzeichnen: Zeichnen ebener geometrischer Ornamentformen als Vorübung für das freie Ornament. Einfache freie Ornamente; stilisierte Blütenformen; einfache Gefäßformen in geometrischem Aufriss. Material: Bleistift, Farbe. Erklärungen: Anwendung und Bedeutung der gezeichneten Ornamente. (4).

Kalligraphie: Current- und Lateinschrift. (1).

Turnen: (2).

II. Classe.

Katholische Religionslehre: Die Sittenlehre. (2).

Deutsche Sprache: Wiederholung des grammatischen Stoffes der I. Classe; Vervollständigung der Formenlehre, Erweiterung der Lehre vom einfachen Satz; der zusammengesetzte Satz im allgemeinen, die Satzverbindung in eingehenderer Behandlung. Lectüre wie in der I. Classe. Memorieren und Vortragen. Alle vier Wochen ein Dictat zum Zwecke der Einübung der Orthographie und Interpunction, eine Schul- und eine Hausaufgabe. Etwas umfangreichere Nacherzählungen; Umbildungen einfacher Lesestücke nach gegebenen Gesichtspunkten; verkürzende Zusammenfassung ausführlicher Erzählungen. (4).

Französische Sprache: Wiederholung und Ergänzung der Formenlehre; insbesondere vom Verbum die in der I. Classe übergangenen Unregelmäßigkeiten der I. Conjugation, dann von der II., III. und IV. Conjugation die am häufigsten vorkommenden Verba; das Passivum; die reflexiven Verba; die Wortfolge; das Wichtigste über das Imparfait, Passé défini und Participe passé. Lectüre und Übungen wie in der I. Classe mit allmählig gesteigerten Anforderungen. Vermehrung des Wortvorrathes. Im II. Semester Versuche in selbständiger Präparation. In jedem Semester vier Dictate, vier Schul- und vier Hausaufgaben. Der Stoff derselben wie in der I. Classe, nur sind die Forderungen etwas zu steigern. (5).

Geographie und Geschichte: a) Geographie: Zusammenfassende Wiederholung der elementaren Begriffe der mathematischen Geographie. Die scheinbare Bewegung der Sonne in verschiedenen Breiten; die daraus sich ergebenden Beleuchtungs- und Erwärmungsverhältnisse als Grundlage der verschiedenen Klimate. Asien und Afrika nach Lage und Umriss, in oro-hydrographischer, ethnographischer und topographischer Hinsicht unter Berücksichtigung der klimatischen Verhältnisse, soweit sich letztere aus der scheinbaren Bewegung der Sonne erklären lassen. Der Zusammenhang des Klimas mit der Vegetation, mit den Producten der Länder und mit der Beschäftigung der Völker ist nur an einzelnen naheliegenden und ganz klaren Beispielen zu erläutern. Europa: Übersicht nach Lage und Umriss, nach den Bodenerhebungen und Gewässern, die Länder Südeuropas und des britischen Inselreiches nach den bei Asien und Afrika angedeuteten Gesichtspunkten. Beginn der Übungen im Entwerfen einfacher Kartenskizzen. b) Geschichte: Alterthum. Ausführlichere Darstellung der Sagen. Die wichtigsten Personen und Begebenheiten, hauptsächlich aus der Geschichte der Griechen und Römer. (4).

Arithmetik: Wiederholung der Lehre von den gemeinen Brüchen. Rechnen mit unvollständigen Zahlen. Abgekürzte Multiplication und Division. Schlussrechnung, angewandt auf einfache und zusammengesetzte Regeldetriaufgaben. Daneben das Wichtigste aus der Maß- und Gewichtskunde, aus dem Geld- und Münzwesen. Lehre von den Verhältnissen und Proportionen. Anwendung derselben zur Lösung der einfachen und zusammengesetzten Regeldetriaufgaben. Procent-, einfache Zins- und Discontrechnung. Schriftliche Arbeiten wie in der I. Classe. (3).

Geometrie und geometrisches Zeichnen: a) Geometrie: Elemente der Planimetrie bis einschließlich der Congruenz. b) Geometrisches Zeichnen: Übungen im Gebrauche der Reißinstrumente. Constructionszeichnen im Anschluss an den behandelten Lehrstoff und unter Berücksichtigung einfacher ornamentaler Formen nach Vorlagen. (2).

Naturgeschichte: Die ersten sechs Monate des Schuljahres: Thierreich, u. z. Schluss der Wirbelthiere, hierauf wirbellose Thiere, vornehmlich Insecten. Die letzten vier Monate des Schuljahres: Pflanzenreich, u. z. Fortsetzung des Unterrichtes der I. Classe durch Vorführung einiger Sporenpflanzen und solcher Samenpflanzen, deren Betrachtung mehr Schwierigkeiten bietet. Anbahnung des Verständnisses der Grundeintheilung und des Erkennens der wichtigsten Gruppen des Pflanzenreiches. (2).

Freihandzeichnen: Freies Zeichnen geometrischer Modelle in Einzel- und Gruppendarstellungen nach der Anschauung. Fortsetzung im Zeichnen freier Ornamente unter Anwendung der Farbe. Material: Bleistift (eventuell Feder), Farbe. Erklärungen: Die Grundsätze des Perspectivzeichnens nach der Anschauung. Erläuterungen über die Entwicklung und den Zweck der Ornamente. (4).

Kalligraphie: Fortsetzung der Übungen der I. Classe und Einübung der Rondschrift. (1).

Turnen: (2).

III. Classe.

Katholische Religionslehre: Geschichte der Offenbarung des alten und neuen Testamentes. (2).

Deutsche Sprache: Das Satzgefüge, der mehrfach zusammengesetzte Satz, die Periode. Behandlung prosaischer und poetischer Lesestücke unter genauerem Eingehen auf die Gliederung, Gedankenverknüpfung und auf den sprachlichen Ausdruck des Gelesenen. Bei der Erklärung classischer Gedichte sind von nun an leicht fassliche, kurze biographische Mittheilungen über die Verfasser zu geben. Memorieren und Vortragen. Alle vier Wochen eine Schul- und eine Hausaufgabe. Beschreibung von bestimmten Gegenständen, die den Schülern aus dem gewöhnlichen Leben oder aus dem Unterrichte, besonders dem naturwissenschaftlichen, wohl bekannt sind; einfache Vergleiche; Umgestaltung kleiner Gedichte rein erzählenden Inhalts in Prosa; Inhaltsangaben oder Auszüge umfangreicherer Lesestücke. (4).

Französische Sprache: Wiederholung und Ergänzung der Formenlehre. Systematische Behandlung des Verbums auf Grund der Lautgesetze. Einübung des persönlichen Fürwortes. Grundzüge der Syntax des Artikels, des Substantivs, des Adjectivs und der Pronomina. Lectüre einfacher, dann schwierigerer prosaischer und poetischer Stücke, im Anschluss daran mündliche und schriftliche Übungen. Übersetzen ins Französische. Memorieren erklärter Texte. Vermehrung des Wortvorrathes, namentlich Aneignung des üblichsten Phrasenmaterials in Verbindung mit den behandelten Verben. Häusliche Präparation. In jedem Semester vier Dictate, vier Schul- und vier Hausaufgaben. Stoff für die letzten beiden Arten von Aufgaben: Beantwortung französisch gestellter Fragen im Anschluss an Gelesenes; grammatische Umformungen; Übersetzung aus der Unterrichtssprache ins Französische. (5).

Geographie und Geschichte: a) Geographie: Die in der II. Classe nicht behandelten Länder Europas (mit Ausschluss der österreichisch-ungarischen Monarchie), Amerika und Australien nach denselben Gesichtspunkten wie in der II. Classe, insbesondere auch rücksichtlich der Erklärung der klimatischen Verhältnisse. Übungen im Entwerfen einfacher Kartenskizzen. b) Geschichte: Mittelalter. Die wichtigsten Personen und Begebenheiten mit besonderer Rücksicht auf die Geschichte der österreichisch-ungarischen Monarchie. (4).

Arithmetik: Anfangsgründe der allgemeinen Arithmetik. Die vier Grundoperationen in allgemeinen Zahlen mit ein- und mehrgliedrigen Ausdrücken unter Ausschluss der Rechnung mit Brüchen. Quadrieren und Cubieren ein- und mehrgliedriger algebraischer Ausdrücke sowie dekadischer Zahlen. Ausziehen der zweiten und dritten Wurzel aus dekadischen Zahlen. Fortgesetzte Übungen im Rechnen mit besonderen Zahlen zur Befestigung des arithmetischen Lehrstoffes der früheren Classen unter Ausdehnung desselben auf die Durchschnittsrechnung und die Theilregel. Schriftliche Arbeiten wie in der I. Classe. (3).

Geometrie und geometrisches Zeichnen: a) Geometrie: Fortsetzung und Abschluss der Planimetrie. Flächengleichheit und Verwandlung ebener Figuren. Flächenberechnung, Proportionalität und Ähnlichkeit im Einklange mit dem bezüglichen mathematischen Lehrstoff dieser Classe. b) Geometrisches Zeichnen: Ausdehnung der in der II. Classe begonnenen Constructionen auf den obigen Lehrstoff. (2).

Physik: 1. Einleitung: Räumlichkeit und Undurchdringlichkeit der Körper. Aggregatzustände; Bewegung und ihre Merkmale, Trägheit. Kraft, Angriffspunkt, Richtung und Stärke derselben. Begriff zweier gleicher Kräfte; Versinnlichung der Kräfte durch Strecken. 2. Von der Schwere: Richtung der irdischen Schwerkraft, Gewicht, Gewichtseinheit, Schwerpunkt, Gleichgewichtsarten eines unterstützten Körpers. Hebel, gleicharmige und Schnellwage, feste Rolle. Specifisches Gewicht, relative Dichte. 3. Von den Molecularkräften: Theilbarkeit, Molecüle, Porosität, Cohäsion, Adhäsion. Elasticität, Gesetz der Zugelasticität, Federwage. 4. Von den tropfbaren Flüssigkeiten: Charakteristische Eigenschaften derselben. Fortpflanzung des Druckes. Niveau. Hydrostatischer Druck. Rückwirkung des ausströmenden Wassers. Communicierende Gefäße (Capillarerscheinungen). Archimedisches Princip. Einfachste Fälle der Bestimmung des specifischen Gewichtes durch Beobachtung des Auftriebes. Schwimmen der Körper, Skalenaräometer. 5. Von den Gasen: Charakteristische Eigenschaften derselben. Wägung der Luft. Barometer, Manometer, Mariotte'sches Gesetz. Wasser- und Luftpumpen. Heber, Luftballon. 6. Von der Wärme: Wärmeempfindungen, Temperatur. Volumsänderungen durch die Wärme. Thermoskope, Thermometer. Wärmemenge. Begriff der specifischen Wärme. Wärmeleitung. Grundversuche über Wärmestrahlung. Kurze Erklärung der Jahreszeiten aus der Bewegung der Erde um die Sonne. Änderungen der Aggregatzustände. Spannkraft der Dämpfe. Princip der Dampfmaschine. Quellen der Wärme. 7. Vom Magnetismus: Natürliche und künstliche Magnete, Magnetnadel, Wechselwirkung zweier Magnetpole. Magnetisierung durch Vertheilung, durch Streichen. Magnetismus der Erde. Begriff der Declination und Inclination unter Wiederholung der einschlägigen astronomischen Grundbegriffe. Boussole. 8. Von der Elektricität: Elektrisierung durch Reibung, durch Mittheilung. Leitung der Elektricität. Die zwei Arten des elektrischen Zustandes. Elektroskope. Sitz der Elektricität. Spitzenwirkung. Elektrisierung durch Vertheilung. Die gebräuchlichsten Apparate zur Erzeugung und Ansammlung der Elektricität. Gewitter. Blitzableiter. Volta'sches Element, Volta'sche Batterie, Nachweis der elektrischen Polarität. Elektrischer Strom. Einige der gebräuchlichsten galvanischen Elemente. Wärme- und Lichtentwicklung durch den Strom. Elektrolyse (Wasserzersetzung und Galvanoplastik). Magnetische Wirkungen des Stromes. Morses Telegraph. Fundamentalversuche über elektrische Induction. Telephon und Mikrophon. Thermoelektricität. (3).

Freihandzeichnen: Fortsetzung im Perspectivzeichnen nach complicierteren Einzelmodellen und Modellgruppen. Fortsetzung im Zeichnen der Flächenornamente in polychromer Ausführung. Übergang zu den plastischen Ornamenten. Material: Bleistift (eventuell Feder), Kreide. Farbe. Erklärungen: Erläuterungen über die gezeichneten Ornamente in Bezug auf Stil, Zweck und Anwendung. Unterweisung in der Farbengebung und Farbenharmonie. Fortgesetzte Erklärungen der perspectivischen Erscheinungen und der Schattengebung beim Modellzeichnen. (4).

Turnen: (2).

IV. Classe.

Katholische Religionslehre: Liturgik. (3).

Deutsche Sprache: Zusammenfassende Wiederholung der Formen- und Satzlehre. Das Wichtigste aus der Wortbildungslehre. Aufstellung von Wortfamilien mit Rücksicht auf die Vieldeutigkeit und die Sinnverwandtschaft der Wörter gelegentlich der Lectüre. Grundzüge der Prosodik und Metrik. Lectüre wie in der III. Classe. Memorieren und Vortragen. In jedem Semester acht, abwechselnd Schul- und Hausarbeiten. Stoff theilweise noch wie in der III. Classe; außerdem Beschreibung von bestimmten Vorgängen; Schilderungen; Übungen im Herausheben der Disposition größerer Lesestücke und im Disponieren passend gewählter Stoffe; stilistisch freie Bearbeitung von Stücken aus der französischen Lectüre. (4).

Französische Sprache: Zusammenfassende Wiederholung der Formenlehre. Ergänzung der Grundzüge der Syntax durch das Wesentliche aus der Rections-, Modus- und Tempuslehre. Anwendung der Verbes auxiliaires. Die Interpunction. Lectüre und Übungen wie in der III. Classe. In jedem Semester vier Schul- und vier Hausaufgaben. Beantwortung französisch gestellter Fragen wie in den früheren Classen; auch freiere Dictate; Versuche in der freien Wiedergabe kleiner leichter Erzählungen; Übersetzungen aus der Unterrichtssprache ins Französische. (3).

Geographie und Geschichte. a) Geographie: Lage, physische und politische Geographie der österreichisch-ungarischen Monarchie mit Ausschluss des statistischen Theiles als solchen, jedoch mit eingehenderer Beachtung der Producte der Länder, der Beschäftigung, des Verkehrslebens und der Culturverhältnisse der Völker. Übungen im freien Entwerfen einfacher Kartenskizzen. b) Geschichte: Neuzeit. Die wichtigsten Personen und Begebenheiten. Geschichte der österreichisch-ungarischen Monarchie bildet den Hauptinhalt des Unterrichtes. (4).

Allgemeine Arithmetik: Wiederholung, Begründung und Erweiterung der Lehre von den ersten vier Rechnungsoperationen mit allgemeinen und besonderen ganzen und gebrochenen Zahlen. Begründung der einfachsten Regeln der Theilbarkeit dekadischer Zahlen. Theorie des größten gemeinsamen Maßes und des kleinsten gemeinsamen Vielfachen, angewandt auch auf Polynome. Gleichungen des ersten Grades mit einer und mit mehreren Unbekannten nebst Anwendung auf praktisch wichtige Aufgaben. Lehre von den Verhältnissen und Proportionen mit allgemeinen Zahlen nebst Anwendungen. Schriftliche Arbeiten wie in der I. Classe. (3).

Geometrie und geometrisches Zeichnen. a) Geometrie: Grundlehren der Stereometrie. Die nothwendigsten Sätze über die gegenseitige Lage von Geraden und Ebenen mit Rücksicht auf die Bedürfnisse des Unterrichtes in der Projectionslehre. Prisma, Pyramide, Cylinder, Kegel und Kugel. Bestimmung der Oberfläche und des Rauminhaltes dieser Körper. (Die betreffenden Formeln für die Kugel sind ohne Begründung zu lehren.) b) Geometrisches Zeichnen: Darstellung von Punkten, Strecken, ebenen Figuren und einfachen geometrischen Körpern mittels zweier orthogonaler Projectionsbilder auf Grund der Anschauung und im Anschluss an den Lehrstoff der Stereometrie. (3).

Physik. 1. Von der Bewegung der Körper: Gleichförmige und gleichförmig veränderliche Bewegung, freier Fall, Luftwiderstand, verticaler Wurf nach aufwärts. Zusammensetzung und Zerlegung von Bewegungen. Graphische Behandlung des horizontalen und schiefen Wurfes. Beziehung zwischen Kraft, Masse und Beschleunigung. Kräfteparallelogramm. Bewegung längs der schiefen Ebene. Reibung. Pendelgesetze. Fliehkraft, Centralbewegung. Besprechung der Achsendrehung der Erde und ihres Umlaufes um die Sonne. Resultierende paralleler, gleichgerichteter Kräfte auf Grund von Versuchen; nähere Bestimmung des Begriffes Schwerpunkt. Wiederholung, beziehungsweise experimentelle Ermittlung der statischen Verhältnisse beim Hebel, beim Wellrade, bei der festen und beweglichen Rolle, beim Flaschenzuge und bei der schiefen Ebene mit Hinweis auf die geleistete und verbrauchte Arbeit. Grunderscheinungen beim Stoße elastischer Körper. 2. Vom Schalle: Schallerregung, Fortpflanzung des Schalles, erläutert an Versuchen. Fortpflanzungsgeschwindigkeit. Reflexion; Arten des Schalles; Stärke und Höhe der Töne, Tonleiter; Saiten, Stimmgabeln, Pfeifen, Resonanz. Das menschliche Gehörorgan. 3. Vom Lichte: Lichtquellen. Geradlinige Fortpflanzung des Lichtes, Schatten; Mondesphasen, Finsternisse, Lochkammer. Beleuchtungsstärke. Reflexionsgesetz, Bilder bei ebenen und sphärischen Spiegeln, Brechung (qualitativ), Durchgang des Lichtes durch Platten, Prismen und Linsen, Linsenbilder. Photographische Camera. Auge, Accommodation, Brillen, das körperliche Sehen, Dauer des Lichteindruckes, Gesichtswinkel. Lupe, Mikroskop. Dioptrische Fernrohre in einfachster Zusammensetzung. Farbenzerstreuung, Sonnenspectrum, complementäre Farben, Farben der Körper, erzeugt durch Absorption. Regenbogen. (2).

Chemie: Vorführung von Versuchen, welche den Unterschied zwischen physikalischen und chemischen Erscheinungen erläutern. Kurze Charakteristik einer Auswahl von Elementen und ihrer wichtigsten Verbindungen. Gelegentliche auf Anschauung sich gründende Beschreibung der wichtigsten Minerale und Gesteine. Petroleum; Beispiele von Kohlenwasserstoffen, Alkoholen und Säuren. Kurze Bemerkungen über Fette und Seifen. Kohlenhydrate. Gährung. Die wichtigsten Cyanverbindungen. Benzol und einige seiner wichtigsten Derivate. Harze (Terpentin). Ätherische Öle (Terpentinöl). Eiweißkörper. (3).

Freihandzeichnen: Fortsetzung im Perspectivzeichnen, u. zw. nach Gefäßformen und anderen zweckmäßig gewählten kunstgewerblichen und technischen Objecten in Einzeldarstellungen und in Gruppenbildern. Zeichnen reicher entwickelter polychromer und plastischer Ornamente und pflanzlicher Naturmotive. Material: Bleistift (eventuell Feder), Kreide, Farbe. Erklärungen: Über die Stile, die Farben- und Schattengebung. (4).

Turnen: (2).

V. Classe.

Katholische Religionslehre: Dogmatik. (2).

Deutsche Sprache: Lectüre epischer, lyrischer und rein didaktischer Gedichte, sowie prosaischer Musterstücke, die zu dem Lehrstoff der Classe inhaltlich in Beziehung stehen;

in die Auswahl sind auch charakteristische Abschnitte aus der altclassischen Literatur (insbesondere aus Homer) aufzunehmen. Aus Beispielen abgeleitete Charakteristik der wichtigsten Formen und Arten der epischen, lyrischen und rein didaktischen Poesie, sowie der vorzüglichsten prosaischen Kunstformen. Memorieren und Vortragen. Aufsätze concreten Inhalts im Anschluss an die Lectüre oder das in anderen Disciplinen Gelernte. — Beginn der (in den beiden nächsthöheren Classen fortzusetzenden) besonderen Anleitung zum richtigen Disponieren auf dem Wege der Analyse passender Lesestücke und bei Gelegenheit der Vorbereitung und der Rückgabe der schriftlichen Arbeiten. In jedem Semester 5—6 Aufsätze, in der Mehrzahl zur häuslichen Bearbeitung. (3).

Französische Sprache: Zusammenfassung und Vertiefung der Syntax. Wiederholung der Formenlehre und Ergänzung derselben durch die selteneren Erscheinungen. Schriftliche Übungen. Lectüre von möglichst abgeschlossenen Musterstücken der französischen Literatur mit besonderer Berücksichtigung der Prosa und verbunden mit kurzen biographischen Notizen über die betreffenden Autoren. Im Anschluss an die Lectüre Sprechübungen. Vermehrung des Wortvorrathes. Memorieren mustergiltiger Texte. Schriftliche Arbeiten: In jedem Semester vier Schul- und vier Hausaufgaben. Freiere Wiedergabe von durchgearbeiteten Erzählungen; Übersetzungen ins Französische mit Berücksichtigung bestimmter syntaktischer Erscheinungen. (3).

Englische Sprache: Laut- und Leselehre, Formenlehre mit Übergehung des Veralteten; Syntaktisches, nur soweit es zum Verständnis der Lesestücke erforderlich ist. Einfache zusammenhängende Lesestücke als Grundlage für elementare Sprech- und Schreibübungen. Memorieren erklärter Texte. Von Weihnachten bis zum Schlusse des I. Semesters drei kurze Dictate im engsten Anschluss an einen durchgenommenen Übungsstoff. Im II. Semester drei Dictate und acht Schulaufgaben (in entsprechender Abfolge). Für letztere: Niederschreiben gut durchgearbeiteter Texte; Beantwortung einfacher Fragen, die sich an den Übungsstoff anschließen. (3).

Geographie und Geschichte: Geschichte des Alterthums, namentlich der Griechen und Römer mit besonderer Hervorhebung der culturhistorischen Momente und mit fortwährender Berücksichtigung der Geographie. (3).

Mathematik. Allgemeine Arithmetik: Unbestimmte Gleichungen des ersten Grades mit zwei Unbekannten. Potenzen und Wurzelgrößen; Begriff der irrationalen Zahlen. Die imaginäre Einheit. Gleichungen des zweiten Grades mit einer Unbekannten und höhere Gleichungen mit einer Unbekannten, die sich auf quadratische zurückführen lassen. Die einfachsten Fälle von quadratischen Gleichungen mit zwei Unbekannten. Die Lehre von den Logarithmen. Geometrie: Planimetrie: Die geometrischen Grundgebilde. Parallelentheorie. Lehrsätze über das Dreieck einschließlich der Congruenzfälle; Lehrsätze über das Vier- und Vieleck; Lehrsätze über Winkel und Sehnen im Kreise, ferner über die dem Kreise ein- und umgeschriebenen Dreiecke und Vierecke. Proportionalität der Strecken und Ähnlichkeit der Figuren; hieraus resultierende Sätze über das Dreieck und über den Kreis. Dreiecktransversale, harmonische Punktreihen. Flächengleichheit, einiges über Flächenverwandlung und Flächentheilung; Flächenberechnung. Regelmäßige Polygone. Kreismessung. Einige Aufgaben über die Anwendung der Algebra auf die Geometrie. Vier Schulaufgaben in jedem Semester; außerdem kleine Übungsaufgaben, die von Stunde zu Stunde zur häuslichen Bearbeitung aufzugeben sind. (5).

Darstellende Geometrie: Wiederholung der wichtigsten Lehrsätze über die Lagenbeziehungen zwischen Geraden und Ebenen unter gelegentlicher Berücksichtigung der Kreuzrissebene. Systematische Durchführung und gründliche Einübung der Fundamentalaufgaben der darstellenden Geometrie über Punkte, Gerade und Ebenen. Projection ebener Figuren und Bestimmung ihrer Schlagschatten auf die Projectionsebenen. Constructive Darstellung des Kreises aus seiner Umlegung. Entwicklung der wichtigsten Eigenschaften der Ellipse aus analogen Eigenschaften des Kreises im Anschluss an dessen Umlegung. (3).

Chemie. Anorganische Chemie: Erweiterung und Vertiefung des in der IV. Classe durchgenommenen Lehrstoffes hinsichtlich der Gesetzmäßigkeiten bei chemischen Vorgängen. Auf experimenteller Grundlage fußende Entwicklung der theoretischen Lehr- und Erfahrungssätze. Eingehende Betrachtung von Wasserstoff, Sauerstoff, Stickstoff, Kohlenstoff, sowie von wichtigen Verbindungen dieser Elemente; analoge Behandlung von Chlor, Brom, Jod, Fluor, von Schwefel, von Bor, von Phosphor, Arsen, Antimon, endlich von Silicium. Kurze allgemeine Charakteristik der Metalle; specielle Besprechung derjenigen Metalle und Metallverbindungen, die in theoretischer oder praktischer Hinsicht besonders beachtenswert sind. (3).

Naturgeschichte. Botanik: Betrachtung der Gruppen des Pflanzenreiches in ihrer natürlichen Anordnung auf Grund des äußeren und (wo möglich) inneren Baues und der Lebensverrichtungen der Pflanze im allgemeinen; der Charakter der wichtigsten Pflanzenfamilien ist an Repräsentanten derselben zu entwickeln, alles entbehrliche systematische Detail bleibt ausgeschlossen. (2).

Freihandzeichnen. Figurales Zeichnen: Erklärung des menschlichen Kopfes in seinem anatomischen Aufbau; das Wesentlichste über Proportion und Altersunterschiede. Conturübungen, dann Übungen in Halb- und Vollschatten, Darstellung nach entsprechenden Vorbildern und Gipsmodellen. (3).

Turnen: (2).

VI. Classe.

Katholische Religionslehre: Moral. (2).

Deutsche Sprache. I. Semester: Einführung in die Kenntnis der ersten Blütezeit der deutschen Literatur auf Grund der Lectüre einer Auswahl aus dem Nibelungenliede und aus Walther von der Vogelweide (wo die Verhältnisse der Schule es gestatten, nach dem Grundtexte mit Hervorhebung der unterscheidenden Merkmale der mittelhochdeutschen und neuhochdeutschen Sprachformen, sonst in neuhochdeutscher Übersetzung) und der Inhaltsangaben einiger höfischer Epen. Besprechung der großen nationalen Sagenkreise im Anschluss an die Lectüre des Nibelungenliedes. Die Hauptmomente aus der Geschichte der deutschen Sprache. II. Semester: Einführung in das Verständnis der zweiten Blütezeit der deutschen Literatur auf Grund der Lectüre prosaischer Schriftstücke, einer Auswahl lyrischer Gedichte, insbesondere Klopstocks Messias und Wielands Oberon, sowie eines Dramas von Schiller und eines von Lessing oder Goethe. Knapp gehaltene Aufklärungen über die Entstehung und die etwaigen geschichtlichen Grundlagen der gelesenen Dramen und über den Aufbau der dramatischen Handlung. Kurze Übersicht der Literaturentwicklung in ihren Haupterscheinungen von der Reformation bis Klopstock; Lebensbilder Klopstocks und Wielands. Memorieren und Vortragen. Aufsätze wie in der V. Classe mit angemessener Steigerung der Anforderungen an die Selbstthätigkeit der Schüler. In jedem Semester 5—6 Aufsätze, in der Mehrzahl zur häuslichen Bearbeitung. (3).

Französische Sprache: Wiederholung der Syntax unter besonderer Berücksichtigung der Participalconstructionen und der Lehre von den Präpositionen. Die Periode. Schriftliche Übungen. Lectüre größerer Fragmente vorwiegend geschichtlicher, beschreibender und didaktischer Prosa, sowie einiger Muster der lyrischen und didaktischen Poesie, verbunden mit kurzen biographischen Notizen über die betreffenden Autoren. Eventuell Lectüre eines geeigneten französischen Werkes. Im Anschluss an die Lectüre Sprechübungen. Schriftliche Arbeiten wie in der V. Classe, dazu Inhaltsangaben von größeren Lesestücken und Briefe. (3).

Englische Sprache: Vervollständigung der Formenlehre und eingehendere Behandlung der Syntax. Schriftliche Übungen. Lectüre von Musterstücken erzählender und beschreibender Gattung, sowie leichterer Gedichte, vorwiegend von Autoren des XIX. Jahrhunderts, auf Grund eines Lesebuches. Im Anschluss daran Fortsetzung und Erweiterung der mündlichen Übungen durch freiere Verwendung des erworbenen Wort- und Phrasenmaterials. In jedem Semester vier Schul- und vier Hausaufgaben. Stoffe für die Schulaufgaben sind: Beantwortung englischer Fragen, die sich an den Lesestoff anschließen, Wiedergabe von kleineren Abschnitten aus der Lectüre; freiere Dictate; für Hausaufgaben: Verwandlung erzählender Gedichte in Prosa, dann und wann eine Übersetzung aus der Unterrichtssprache ins Englische. (3).

Geographie und Geschichte: Geschichte des Mittelalters und der Neuzeit bis zum westphälischen Frieden, in gleicher Behandlungsweise wie in der V. Classe und mit besonderer Rücksicht auf die österreichisch-ungarische Monarchie. (3).

Mathematik. Allgemeine Arithmetik: Logarithmische und Exponentialgleichungen. Arithmetische und geometrische Progressionen; Zinseszins- und Rentenrechnung. Wiederholungen. Geometrie: 1. Trigonometrie: Goniometrische Functionen, Auflösung des rechtwinkeligen Dreieckes. Weitere goniometrische Entwicklungen, Auflösung regulärer Polygone. Hauptsätze zur Auflösung schiefwinkeliger Dreiecke und deren Anwendung. Einfache goniometrische Gleichungen. 2. Stereometrie: Die wichtigsten Sätze über die Lagenverhältnisse der Geraden und Ebenen im Raume. Grundeigenschaften der körperlichen Ecke überhaupt und der dreiseitigen im besonderen (Polarecke). Eintheilung und Eigenschaften der Körper. Congruenz und Symmetrie, Ähnlichkeit und symmetrische Ähnlichkeit der Körper. Oberfläche und Rauminhalt des Prismas, der Pyramide und des Pyramidalstutzes. Berechnung des Rauminhaltes des Cylinders, des Kegels und des Kegelstumpfes, sowie der Oberfläche der geraden Formen dieser Körper. Oberfläche und Inhalt der Kugel und ihrer einfach begrenzten Theile. Schriftliche Arbeiten wie in der V. Classe. (4).

Darstellende Geometrie: Darstellung von Prismen, Pyramiden, Cylindern und Kegeln. Ebene Schnitte, Netze, Parallelbeleuchtung, sowie leichtere Fälle von Durchdringungen dieser Körper. Räumliche Erklärung, Construction und Projection der Kegelschnittslinien. Elementare Entwicklung ihrer wichtigsten Eigenschaften und deren Benützung zu Tangentenconstructionen. Berührungsebenen an Cylinder- und Kegelflächen. Schlagschatten auf die Innenseite von Prismen- und Pyramidenmänteln. (3).

Physik: Kurze Bemerkungen über den Gegenstand und die Methode der Physik. Wiederholung des über Räumlichkeit und Undurchdringlichkeit auf der Unterstufe Gelehrten.

Molecül, Atom; Aggregatzustände. Mechanik: Vorbegriffe über Bewegung. Gleichförmige und gleichförmig veränderliche Bewegung. Trägheitsprincip. Freier Fall. Dynamische und statische Kraftmessung. Gewicht. Luftwiderstand. Verticaler Wurf nach aufwärts. Begriff und Maß der Arbeit. Lebendige Kraft, Energie. Zusammensetzung und Zerlegung von Bewegungen, der horizontale und schiefe Wurf. Bewegung längs der schiefen Ebene. Zusammensetzung und Zerlegung von Kräften, die in einem Punkte angreifen; Resultante solcher Kräfte, die in verschiedenen Punkten eines starren Systems angreifen. Drehungsmoment. Kräftepaare. Schwerpunkt. Arten des Gleichgewichtes; Stabilität. Einfache Maschinen mit Betonung des Princips der Erhaltung der Arbeit. Bewegungshindernisse (Unmöglichkeit des Perpetuum mobile). Gleicharmige Wage und Decimalwage. Krummlinige Bewegungen. Centripetal- und Centrifugalkraft. Centralbewegung. Mathematisches und physisches Pendel, letzteres nur experimentell (Reversionspendel). Wiederholung des auf der Unterstufe über Molecularkräfte Gesagten. Elasticitätsmodul. Festigkeit. Stoß. Wiederholung des auf der Unterstufe vorgenommenen Stoffes der Hydromechanik mit entsprechenden Verallgemeinerungen und Ergänzungen. Torricellis Ausflusstheorem. Oberflächenspannung, Capillarität. Lösung. Diffusion. Wiederholung des aus der Aëromechanik auf der Unterstufe vorgenommenen Lehrstoffes mit Ergänzungen. Mariotte-Gay-Lussacsches Gesetz, Gewichtsbestimmung von Gasen. Berechnung der Verdünnung und Verdichtung bei Luftpumpen; Auftrieb in der Luft. Barometrische Höhenmessung. Ausströmen der Gase, Diffusion, Absorption. Wärmelehre: Thermometer, Ausdehnungscoefficient. Wärmemenge, specifische Wärme. Beziehungen zwischen Wärme und mechanischer Arbeit; das mechanische Wärmeäquivalent. Wesen der Wärme. Einiges über gesättigte und überhitzte Dämpfe. Dampfdichte (Moleculargewicht). Hygrometrie. Atmosphärische Niederschläge Dampfmaschine. Wärmeleitung. Kurze Bemerkungen über Wärmestrahlung. Isothermen, Isobaren, Winde. Wellenlehre: Gesetz einer einfach schwingenden Bewegung, einfache Fälle der Zusammensetzung von Schwingungen, fortschreitende Transversal- und Longitudinalwellen, Reflexion und Interferenz der Wellen, stehende Wellen (alles vorwiegend graphisch und experimentell behandelt). Akustik: Schallerregung. Arten des Schalles. Bestimmung der Tonhöhe. Dur- und Molltonleiter nebst Dreiklängen. Schwingungsgesetze einer gespannten Saite (Monochord), Obertöne. Tonstärke. Klangfarbe. Resonanz. Tönende Stäbe, Platten und Membranen. Pfeifen, das menschliche Stimmorgan. Fortpflanzung des Schalles. Fortpflanzungsgeschwindigkeit desselben, Abnahme der Schallstärke mit der Entfernung, Reflexion, Interferenz der Schallwellen. Das menschliche Gehörorgan. (4).

Chemie. Organische Chemie: Begriff einer organischen Verbindung. Nachweis der wesentlichen Bestandtheile einer organischen Verbindung; atomistische Verhältnisformel; Molecularformel; empirische und rationelle Formel. Petroleum. Methan, Äthan, Propan, Butan und Pentan sammt ihren erwähnenswertesten Derivaten; Palmitin-, Stearin- und Cerotinsäure. Äthylen und Propylen und deren wichtigere Abkömmlinge. Acetylen, die nennenswertesten Allylverbindungen. Ölsäure; die natürlichen Fette (Seifen und Kerzen); Kohlenhydrate; geistige Gährung. Die wichtigsten Cyanverbindungen. Kurze Besprechung des Steinkohlentheers. Benzol, Toluol mit ihren wichtigsten Derivaten. Di- und Triphenylmethan mit Hinweis auf Theerfarbstoffe. Indigo. Naphtalin. Anthracen. Pyridin, Chinolin, Arridin. Die wichtigsten Alkaloide. Terpentinöl, Kampfer; Kautschuk und Guttapercha; Harze. Eiweißkörper. (2).

Naturgeschichte. Zoologie: Das Bemerkenswerteste über den Bau des Menschen und die Verrichtungen seiner Organe mit diätetischen Winken; Behandlung der Classen der Wirbelthiere und der wichtigeren Gruppen der wirbellosen Thiere auf Grund ihres äußeren und inneren Baues und mit gelegentlicher Rücksichtnahme auf entwicklungsgeschichtliche Verhältnisse, jedoch unter Ausschluss alles entbehrlichen systematischen Details. (2).

Freihandzeichnen: Fortsetzung im figuralen Zeichnen nach der Plastik und nach schwierigeren Vorlagen. Nach Maßgabe der Zeit: Wiederholungen im Ornamentzeichnen und im Zeichnen pflanzlicher Naturformen. (2).

Turnen: (2).

VII. Classe.

Katholische Religionslehre: Kirchengeschichte. (2).

Deutsche Sprache: Einführung in das Verständnis der zweiten Blütezeit der deutschen Literatur (Fortsetzung) auf Grund der Lectüre prosaischer Schriftstücke und schwierigerer epischer und lyrischer Gedichte Lessings, (Herders), Goethes und Schillers, sowie der Lectüre von Goethes Hermann und Dorothea und eines Dramas von Goethe oder Schiller. Lectüre von Proben aus österreichischen Dichtern des XIX. Jahrhunderts. Im Anschluss an die Lectüre Lebensbilder der genannten Hauptvertreter der classischen Literatur und der hervorragendsten österreichischen Dichter (mit besonderer Berücksichtigung Grillparzers). Übungen im praemeditierten freien Vortrage über Stoffe, die dem Unterrichtsgebiete entnommen sind. In jedem Semester 5–6 Aufsätze, in der Mehrzahl zur häuslichen Bearbeitung. (4).

Französische Sprache: Cursorische Wiederholung der wichtigsten Theile der Grammatik mit gelegentlicher Ergänzung singulärer Erscheinungen. Schriftliche Übungen. Lectüre von Proben geschichtlicher, rednerischer und reflectierender Prosa, sowie lyrischer und dramatischer Poesie, verbunden mit biographischen Notizen über die betreffenden Autoren. Eventuell Lectüre eines geeigneten französischen Werkes. Das Wichtigste aus der Metrik. Im Anschluss an die Lectüre Sprechübungen. Schriftliche Arbeiten wie in der VI. Classe. (3).

Englische Sprache: Zusammenfassende Wiederholung und Vertiefung der Grammatik, namentlich wichtigerer Partien aus der Syntax. Schriftliche Übungen. Lectüre geschichtlicher, rednerischer und reflectierender Prosa, sowie epischer und dramatischer Poesie. In jedem Semester vier Schul- und vier Hausarbeiten. Stoffe für die Schulaufgaben wie in der VI. Classe mit allmählicher Steigerung der Anforderungen; für Hausaufgaben: Dispositionen und Auszüge. Im II. Semester auch Übersetzungen aus dem Englischen in die Unterrichtssprache als Schul- und Hausaufgaben. (3).

Geographie und Geschichte: Geschichte der Neuzeit seit dem westphälischen Frieden, in derselben Behandlungsweise wie in den beiden vorhergehenden Classen und mit besonderer Rücksicht auf die österreichisch-ungarische Monarchie. Wiederholung der Geographie der österreichisch-ungarischen Monarchie mit Hinzufügung einer statistischen Übersicht der Rohproduction, der Industrie und des Handels, wobei die entsprechenden Verhästnisse in den großen Culturstaaten Europas zum Vergleiche herangezogen werden. Behandlung der Verfassung und Verwaltung der Monarchie, mit besonderer Berücksichtigung der österreichischen Reichshälfte. (3).

Mathematik. Allgemeine Arithmetik: Elemente der Combinationslehre. Binomischer Lehrsatz für ganze positive Exponenten. Grundlehren der Wahrscheinlichkeitsrechnung. Geometrie: Sphärische Trigonometrie: Erörterung der wichtigsten Grundeigenschaften des sphärischen Dreieckes. Fläche desselben. Die nothwendigsten Grundformeln zur Behandlung der Hauptfälle der Auflösung rechtwinkeliger und schiefwinkeliger sphärischer Dreiecke. Anwendung der sphärischen Trigonometrie auf Stereometrie und die einfachsten Aufgaben aus der Astronomie. — Analytische Behandlung der Geraden, des Kreises und der Kegelschnittslinien in der Ebene mit Zugrundelegung des rechtwinkeligen Coordinatensystems und in einzelnen wichtigen Fällen auch der Polarcoordinaten. Eigenschaften der Kegelschnittslinien mit Rücksicht auf Brennpunkte, Tangenten, Normalen und Durchmesser. Quadratur der Ellipse und der Parabel. — Wiederholung des gesammten mathematischen Lehrstoffes der oberen Classen, vornehmlich durch Lösung von Übungsaufgaben. Schriftliche Arbeiten wie in der VI. Classe. (5).

Darstellende Geometrie: Darstellung der Kugelfläche; ihre ebenen Schnitte; Berührungsebenen, berührende Cylinder- und Kegelflächen an Kugeln. Entwicklung der Selbst- und Schlagschatten an die convexe und concave Seite von Cylinder- und Kegelmänteln, sowie von Kugelcalotten. Wiederholung der wichtigsten Partien aus dem behandelten Gebiete der darstellenden Geometrie an lehrreichen combinierten Aufgaben und Beispielen. (2).

Physik. Grundlehren der Astronomie (Kosmographie): Scheinbare tägliche Bewegung des Himmelsgewölbes, Sternzeit; Coordinaten bezüglich des Horizontes und des Äquators; Bestimmung der Mittagslinie und der Polhöhe. Gestalt und Größe der Erde. Achsendrehung derselben (Foucaults Pendelversuch) und Folgeerscheinungen. Scheinbare Bewegung der Sonne, Ekliptik. Eklipticale Coordinaten. Wahre und mittlere Sonnenzeit. Siderisches und tropisches Jahr. Schalttage. Wahre Bewegung der Erde um die Sonne. Entfernung der Sonne. Planeten, kurze Erklärung ihrer scheinbaren Bewegung. Die Kepler'schen Gesetze; Ableitung des Newton'schen Gravitationsgesetzes aus denselben. Entfernung und Bewegung des Mondes. Beschreibung einer Methode zur Bestimmung der durchschnittlichen Dichte der Erde. Vergleich der Erd- und Sonnenmasse, Ebbe und Flut, Präcession der Tag- und Nachtgleichenpunkte, Erklärung durch Kreiselversuche. Kurze Bemerkungen über einzelne Planeten, über Kometen, Sternschnuppen, Fixsterne, Sternhaufen, Nebelflecke. Lehre vom Magnetismus und der Elektricität: a) Magnetismus: Wiederholung der Grunderscheinungen. Das Coulomb'sche Gesetz, Polstärke, Feldstärke, magnetische Kraftlinien. Lage der Pole, magnetisches Moment. Die Elemente des Erdmagnetismus. b) Statische Elektricität: Wiederholung der Grundversuche über Elektrisierung durch Reibung, Mittheilung und Vertheilung; Influenz-Elektrisiermaschine. Das Coulomb'sche Gesetz und die elektrostatische Messung der Elektricitätsmenge; elektrisches Feld, das Wichtigste über das Potential in einem Punkte desselben. Potential eines Leiters. Charakterisierung des Potentiales durch Versuche. Capacität, Condensatoren (Dielektricitätsconstante), elektrische Energie eines geladenen Körpers. Atmosphärische Elektricität. c) Elektrische Ströme: Potentialdifferenz an einem offenen galvanischen Elemente, elektromotorische Kraft, Voltas Fundamentalversuche, galvanische Batterien. Der elektrische Strom, sein magnetisches Feld, das Biot-Savart'sche Gesetz, die absolute elektromagnetische Stromeinheit und das Ampère. Die Weber'sche

Tangentenboussole. Spiegelgalvanometer. Ohm'sches Gesetz. Elektrolyse, galvanische Polarisation, constante Elemente, Accumulatoren. Wärmeentwicklung durch den Strom. Das Joule'sche Gesetz, die absoluten elektromagnetischen Einheiten des Widerstandes und der elektromotorischen Kraft, das legale Ohm und das Volt. Elektrische Beleuchtung. Der Peltier-Effect, Thermoströme. Messen des Widerstandes nach der Substitutionsmethode. Ermittlung des inneren Widerstandes und der elektromotorischen Kraft der Elemente nach der Ohm'schen Methode. Stromverzweigung in zwei Theile. Magnetfeld eines ebenen geschlossenen Leiters. Wechselwirkung zweier Stromleiter. Magnetfeld eines Solenoides; Ampère'sche Theorie des Magnetismus; Elektromagnete; Anwendungen. Grunderscheinungen des Diamagnetismus. Elektromagnetische Rotationen. Induction von Strömen unter Hinweis auf das Energieprincip. Physiologische Wirkungen derselben. Erklärung einer magnetoelektrischen und einer dynamoelektrischen Maschine. Ruhmkorffs Funkeninductor. Telephon und Mikrophon. O p t i k: Wiederholung des über die Fortpflanzung des Lichtes in der IV. Classe behandelten Stoffes. Lichthypothesen. Bestimmung der Fortpflanzungsgeschwindigkeit des Lichtes. Photometrie. Reflexion, Erklärung nach der Wellentheorie. Bilder an ebenen und sphärischen Spiegeln. Brechung, theoretische Begründung derselben nach der Wellenlehre, totale Reflexion. Durchgang des Lichtes durch eine planparallele Platte, durch ein Prisma. Minimum der Ablenkung, Bestimmung des Berechnungsexponenten. Linsen. Berechnung und Construction der Linsenbilder, sphärische Abweichung. Farbenzerstreuung; chromatische Abweichung der Linsenbilder, achromatische Linsen. Graphische Erklärung des Regenbogens. Spectrometer, Emissions- und Absorptionsspectren, das Wichtigste aus der Spectralanalyse, Erklärung der Fraunhofer'schen Linien; Farben der Körper. Kurze Bemerkungen über Fluorescenz und Phosphorescenz. Chemische Wirkung des Lichtes. Wärmewirkungen, dunkle Wärmestrahlen; Emission und Absorption derselben; diathermane und adiathermane Stoffe. Röntgen'sche Strahlen. Projectionsapparat, photographische Camera, menschliches Auge. Mikroskope und dioptrische Fernrohre mit kurzer Erörterung der Vergrößerung. Interferenz: Farben dünner Plättchen, Newtons Farbenglas. Beugung durch eine Spalte. Polarisation durch Reflexion und einfache Brechung. Polarisation durch Doppelbrechung: Turmalinplatten, Nicols Prisma, Drehung der Schwingungsebene (Saccharometer). (4).

N a t u r g e s c h i c h t e. I. Semester. M i n e r a l o g i e: Behandlung der wissenswertesten Minerale hinsichtlich der krystallographischen, physikalischen, chemischen und sonstigen belehrenden Beziehungen nach einem Systeme, jedoch mit Ausschluss aller seltenen oder der Anschauung der Schüler nicht zugänglichen Formen. II. Semester. E l e m e n t e d e r G e o l o g i e: Physikalische und chemische Veränderungen im Großen in zusammenfassender kurzer Darstellung unter Bezugnahme auf passende Beispiele; die häufigsten Gebirgsgesteine und die wesentlichsten Verhältnisse des Gebirgsbaues, womöglich durch Illustrierung an naheliegenden Beispielen; kurze Beschreibung der geologischen Weltalter mit häufigen Rückblicken bei Besprechung der vorweltlichen Thier- und Pflanzenformen auf die Formen der Gegenwart und mit gelegentlicher Hinweisung auf stammverwandtschaftliche Beziehungen. (3).

F r e i h a n d z e i c h n e n: Ausführung der Maturitätsprüfungs-Arbeiten aus den Stoffgebieten der vorhergehenden Classen. Bei der Auswahl der Objecte ist die individuelle Befähigung der Schüler zu berücksichtigen. (3).

T u r n e n: (2).

Der Turnunterricht wird in allen Classen nach dem Lehrplane vom 12. Februar 1897, Z. 17261 ex 1896 (M.-V.-Bl. Nr. 17) ertheilt.

Mosaische Religion.

1. A b t h e i l u n g (1. bis 2. Classe.); 2 Stunden wöchentlich.

Lehrziel: Bibel im Urtexte, Genesis; Biblische Geschichte, Saul bis zur Theilung des Reiches und Geschichte der getrennten Reiche Israel und Juda; Übersetzung der Gebete für Werk- und Festtage; Pflichtenlehre; Hebräische Grammatik im Anschluss an die Bibellectüre.

III. Lehrbücher.

Im Schuljahre 1900/1901 kommen folgende Lehrbücher in Verwendung:

1. Religionslehre.

a) katholische: I.—II. Cl. Großer Katechismus. III. Cl. Zetter, Geschichte der göttlichen Offenbarung des alten und neuen Bundes. Zum Gebrauche an Realschulen.

b) israelitische: I.—III. Cl. Kayserling, Die fünf Bücher Moses. Lewy, Biblische Geschichte, herausgegeben von Badt. Wolf, Kurzgefasste Religions- und Sittenlehre.

2. Deutsche Sprache.

I.—III. Cl. Willomitzer, Deutsche Grammatik für die österreichischen Mittelschulen. 8. Aufl. Lampel, Deutsches Lesebuch. 1. Theil, 8. Aufl. 2. Theil, 6. Aufl. 3. Theil, 6. Aufl.

3. Französische Sprache.

I. Cl. Fetter, Lehrgang der französischen Sprache, 1. und 2. Theil. 7. u. 8. Aufl. II. Cl. dasselbe. III. Cl. dasselbe, III. Theil, 3 Aufl.

4. Geographie und Geschichte.

I.—III. Cl. Richter, Lehrbuch der Geographie für die I., II. und III. Classe der Mittelschulen, 3. Aufl.

I.—III. Cl. Richter, Schulatlas.

II. Cl. Mayer, Lehrbuch der Geschichte für die unteren Classen der Mittelschulen, 1. Theil, 3 Aufl.

III. Cl. Dasselbe, 2. Theil, 2. Aufl.

II.—III. Cl. Schubert und Schmidt, historisch-geographischer Schulatlas der alten Welt. Ausgabe für Realschulen.

5. Mathematik.

I. Cl. Močnik-Neumann, Lehr- und Übungsbuch der Arithmetik für die unteren Classen der Realschulen, 1. Heft, 22. Aufl.

II. Cl. Dasselbe, 2. Heft, 21. Aufl.

III. Cl. Močnik-Maurer, Lehr- und Übungsbuch für die unteren Classen der Realschulen, 3. Heft, 19. Aufl.

6. Geometrie und geometr. Zeichnen.

I. Cl. Menger, Geometr. Formenlehre, 4. Aufl.

II.—III. Cl. Menger, Grundlehren der Geometrie, 6. Aufl.

7. Naturgeschichte.

I.—II. Cl. Pokorny, Naturgeschichte für die unteren Classen: Thierreich, 24. u. 25. Aufl. Dasselbe: Pflanzenreich, 21. u. 20. Aufl.

8. Physik.

III. Cl. Wallentin, Grundzüge der Naturlehre für die unteren Classen der Realschulen, 2. Aufl.

9. Böhmische Sprache.

I.—III. Cl. Rypl, Method. Lehr- und Übungsbuch der böhm. Sprache für deutsche Mittelschulen und verwandte Lehranstalten.

10. Gesang.

I.—III. Cl. Mair, Liederbuch für österr. Bürgerschulen, neu bearb. von A. Kirchl, 3. Aufl.

IV. Relativ obligate und freie Lehrgegenstände.

1. Böhmische Sprache (relativ obligat).

Eine Abtheilung: 22 Schüler (9 der I. a, 10 der I. b, 3 der II. Classe). Wöchentlich 2 Stunden:

Übungen im Sprechen und Lesen. Das regelmäßige Zeitwort. Die anzeigende Art der Gegenwart von Verben auf — ati. Das Geschlecht der Hauptwörter, das nomen im Nom., Acc. und Voc. Indicativ Praes. der Verba auf iti, auf eti. Das attributive Beiwort, das praedicative Adjectiv im Sing. und Plur. Indicativ der Gegenwart von být́i sein. Das Futurum a) von být́i, b) von anderen Zeitwörtern. Der Imperativ von být́i. Vergangenheit von být́i sein. Monatlich eine Schularbeit.

2. Gesang.

Eine Abtheilung mit 37 Schülern (14 der I. a, 17 der I. b, 6 der II. Classe). Wöchentlich 1 Stunde: Kenntnis der Notenschrift, Gehör- und Stimmübungen. Ein-, zwei- und dreistimmige Lieder. Auswendiglernen von Marsch- und Wanderliedern. Nach Franz Mairs Liederbuch f. österr. Bürgerschulen, neu bearbeitet von A. Kirchl.

V. Unterstützungswesen.

a) Stipendien genossen:

Siegl Wenzel, Schüler der II. Classe, ein Schulstipendium des Schulfondsvereines für Bedienstete der Staatseisenbahn-Verwaltung im Betrage von 200 K. (Erl. d. k. k. Eisenbahn-Ministeriums vom 15. November 1899, Z. 48795/5.)

b) Schülerlade.

Mit der Eröffnung der Anstalt wurde an derselben eine Schülerlade gegründet. Dieselbe hat den Zweck, dürftige und würdige Schüler in angemessener Weise zu unterstützen.

Diese Unterstützung besteht in der Verabfolgung von Lehr- und Hilfsbüchern gegen Rückerstattung am Schlusse des Schuljahres; in Verleihung von Zeichen- und Schulrequisiten; in der Ausmittelung von Kosttagen, in Beiträgen zur Zahlung des Kost- und Quartiergeldes sowie in anderen Hilfeleistungen, soweit es die Mittel der Schülerlade gestatten. Die Mittel zur Erreichung dieses Zweckes bestehen aus freiwilligen Beiträgen der Bevölkerung.

Die Verwaltung des Fonds geschieht durch den Director der Anstalt.

Die Unterstützung dürftiger Schüler erfolgt über Beschluss des Lehrkörpers.

Die Einnahmen der Schülerlade bestehen in Gründungsbeiträgen, Jahresbeiträgen und Spenden.

Bis 1. Juli 1900 giengen ein:

a) An Gründungsbeiträgen:

	K h
Löblicher Bezirksausschuss in Eger	500.—
Verehrl. böhmische Escomptebankfiliale in Eger	200.—
„ Festausschuss der Feuerwehrfachausstellung	600.—
„ Versicherungsgesellschaft St. Florian	100.—
Herr Johann Grillmayer, Brauereibesitzer	10.—
„ J. U. Dr. Gustav Gschier, Bürgermeister u. Landesadvokat	10.—
„ C. Krämling, Bezirksobmann	5.—
Verehrl. bürgerlicher Kammerfelderfond in Eger	200.—
Herr Johann Lehrmann, Fabrikant in Fleißen	5.—
„ J. U. Dr. August Peter, Rechtsanwalt	14.—
„ F. Pichler, Stadtrath	5.—
Verehrl. Egerer Sparcassa	2000.—
„ Spar- u. Vorschussverein Eger	50.—
Herr Zahlbruckner, Ingenieur	5.—
„ Eduard Züchner, Fabriksdirector	5.—
	3709.—

b) An Jahresbeiträgen:

	K h
Herr Max Abeles, Kaufmann . .	10.—
„ Richard Adler, Hausbesitzer .	4.—
„ V. Achtner, Professor in Karlsbad	2.—
„ Eduard Ameseder, Privatbeamter	2.—
„ Bareuther, Fabrikant . . .	20.—
„ Hugo Bernardin, Bankbeamter	2.—
Löblicher Bezirksausschuss in Eger	100.—
Herr Josef Bienert, k. k. Oberlandesgerichtsrath i. R.	2.—
„ M. U. Dr. Franz Bittner, Stadt- und Bahnarzt	2.—
„ Adolf Blechschmied, Bäcker .	2.—
„ Johann Burda, k. k. Hauptsteueramtscontrolor	4.—
„ Nikol. Chomatianós, Spediteur	10.—
Frau Anna Dietz, Hausbesitzerin .	5.—
Herr Friedrich Ernst, Hausbesitzer	2.—
„ Rudolf Ernst, Goldarbeiter .	2.—
Frau Franziska Ertl, Hausbesitzerin	10.—
Herr August Fieger, Realschuldirector	10.—
„ Gustav Fischer, evangel. Pfarrer	2.—
Verehrl. Versicherungsgesellschaft St. Florian	20.—
Herr Max Frank, Restaurateur .	2.—
„ Emil Fränkel, Ingenieur . .	2.—
„ Anton Friedrich, Färber . .	2.—
Frau Anna Fritsch, Majorswitwe .	4.—
Herr J. U. Dr. Gustav Gschier, Bürgermeister und Landesadvokat .	10.—
„ Franz Hamperl, k. k. Finanzrath	3.—
„ August Hauptmann, Realschulprofessor	4.—
„ M. U. Dr. Christoph Heitzer	2.—
„ Fritz Jäger, Privatbeamter .	2.—
„ Hans Hirsch, k. k. Bezirkscommissär	2.—
„ Adam Kammerer, Kaufmann	4.—
„ Lorenz Kammerer, Kaufmann und Stadtrath	4.—
Verehrlicher bürgerlicher Kammerfelderfond	20.—
Herr Christof Karg, Brauereibesitzer	5.—
„ Ferdinand Karg, Brauereibesitzer	15.—
„ J. U. Dr. Josef Karg, Rechtsanwalt	5.—
„ Josef Kober, Realschulprofessor	4.—
„ Wilhelm Kofend, Uhrmacher	2.—
„ Anton Komma, Hausbesitzer in Franzensbad	2.—
„ Eduard Kompast, Bankbeamter	2.—
„ Jgnaz König, Baumeister . .	4.—
„ Anton Krämling, Brauereibesitzer	5.—
„ C. Krämling, Brauereibesitzer und Bezirksobmann	2.—
„ Franz Kraus, Baumeister . .	3.—

	K h
Herr Karl Kraus, Apotheker . .	2.—
„ Johann Kresse, Delicatessenhändler	5.—
„ Dominik Kreuzinger, Gastwirt	4.—
„ J. U. Dr. Kriegelstein Ritter v. Sternfeld, Rechtsanwalt in Graslitz	10.—
„ Johann Lehrmann, Fabrikant in Fleißen	5.—
„ Nikolaus Lohr, Beamter . .	2.—
„ Josef Lorenz, Fabrikant und Stadtrath	2.—
„ Jgnaz Lucham, Bürgerschuldirector	2.—
„ Karl Markl, Friseur . . .	2.—
„ Ph. Dr. Gustav Mayer, Realschulprofessor	4.—
„ Johann Mayer, Brauereibesitzer	5.—
„ Anton Meder, k. k. Finanzrath	2.—
„ Wilhelm Melhardt, Bankdirigent	2.—
„ Josef Nagele, k. k. Grundbuchsführer	4.—
„ Franz Nechleba, Ingenieur .	2.—
„ Michel Neuhöfer, k. k. Gymnasialprofessor	2.—
„ J. U. Dr. Hans Neißl, Concipient	5.—
„ Lorenz Neißl, k. k. Gymnasialprofessor in Elbogen . . .	2.—
„ J. C. Ott, Fischhändler . .	2.—
„ W. Ott, k. k. Postcontrolor i. R.	2.—
„ Anton Peter, Goldarbeiter .	2.—
„ J. U. Dr. August Peter, Rechtsanwalt	2.—
„ Josef Peter, Baumeister in Kaaden	6.—
„ F. Pichler, Stadtrath . . .	5.—
„ K. Pichler, Kaufmann in Hayd	2.—
„ Moriz Friedrich Reichl, Kaufmann	2.—
„ J. U. Dr. Reiniger, Rechtsanwalt u. Landtagsabgeordneter	10.—
„ Michel Reinl, Zuckerbäcker .	2.—
„ Josef Riedl, Stadtrath . . .	2.—
„ Josef Schidlo, Stationsvorstand in Königsberg a. d. Eger .	4.—
„ Franz Schindler, k. k. Finanz-Obercommissär	2.—
„ Richard Schmerler, Fabrikant	4.—
„ Christof Schmidt d. Jüngere, Brauereibesitzer	6.—
„ Josef Christof Schmidt, Gerber in Kaaden	6.—
Frau Elise Schuldes, Gastwirtswitwe in Budweis	2.—
Herr Alfred Seyß, k. k. Landesgerichtsrath	2.—
„ J. U. Dr. Victor Sgustav, Rechtsanwalt	2.—
„ J. U. Dr. Karl Siegl, Stadtarchivar	2.—

	K h
Herr M. U. Dr. Adam Sommer, Stadt- und Bahnarzt	6.—
„ kaiserl. Rath Adolf Stanka, Altbürgermeister	10.—
„ J. U. Dr. Hans Stanka, Rechtsanwalt	2.—
„ Anton Steidl, Wirtschafter in Altsattel	2.—
„ Franz Stein, Landtagsabgeordneter	2.—
„ Leopold Steiniger, Kaufmann	2.—
„ J. U. Dr. C. Tippmann, Rechtsanwalt	2.—
„ A. Turnher, Baumeister . .	2.—
„ Wenzel Unger, Förster i. R. in Fichtenbach	5.—
Herr Hans Weichesmüller, Beamter	2.—
„ Karl Weiss, k. k. Ingenieur .	5.—
„ Heinrich Welzel, Weinhändler	10.—
„ Leopold Wessl, Kaufmann .	2.—
„ Oswald Winterling, Fleischhauer und Selcher	5.—
„ Karl Wondra, k. k. Finanzconcipist	2.—
„ Zahlbruckner, Ingenieur . .	2.—
„ Eduard Züchner, Fabriksdirector	2.—
„ P. Josef Zwittlinger, Pfarrer in Franzensbad	2.—
	515.—

c) An Spenden.

	K h
Herr Josef Bittner, Kaufmann . .	20.—
„ Franz Hamperl, k. k. Finanzrath (Reisespesen eines Finanzbeamten)	8.68
Frau Betti Heindl, Goldarbeitersgattin	1.—
Herr Wilhelm v. Helmfeld . . .	140.—
Herr Rudolf Mayerhöfer, Privatier	1.—
Zinsen des von der verehrlichen Egerer Sparcassa gewidmeten Gründungsbeitrages	260.—
Herr Josef Stadler, Feinkosthändler	1.—
„ G. Vogel, Müller in Falkenau	23.—
	454.68

Die Besitzer des Eisplatzes und der Schwimmschulen, die Herren K. Neumann und Th. Peter spendeten 50 für die Wintersaison giltige Freikarten zur Benützung des Schleifplatzes, 22 Paar Schlittschuhe, sowie auch 6 Freikarten für Erlernung des Schwimmunterrichtes und 12 Übungskarten für Freischwimmer.

Der Rechnungs-Abschluss für das Schuljahr 1899—1900 ergibt bis 1. Juli:

Einnahmen und zwar:

1. Gründungsbeiträge	3709	K —	h
2. Jahresbeiträge	515	„ —	„
3. Spenden	454	„ 68	„
4. Zinsen bis 1. Juli 1900	40	„ 17	„
	4718	K 85	h

Ausgaben und zwar:

Für Lehrbücher	181	K 28	h
Für Schul- und Zeichenrequisiten	74	„ 14	„
Für Unterstützungen in barem Gelde	22	„ —	„
Für Badekarten	7	„ 50	„
Für Drucksorten	3	„ 60	„
Für Postgebüren	3	„ 20	„
	291	K 72	h

Gesammteinnahmen	4718	K 85	h
Gesammtausgaben	291	K 72	h
Cassarest . .	4427	K 13	h

Die Schülerlade besitzt 89 Lehrbücher und 11 Reißzeuge.

Lehrbücher und Zeichenrequisiten wurden an 11 mittellose Schüler geliehen.

Die Direction fühlt sich angenehm verpflichtet, allen hochherzigen Gönnern der Schülerlade den innigsten Dank auszusprechen.

VI. Bibliothek und Lehrmittel.

Zur Anlegung einer Lehrer- und Schülerbibliothek sowie auch zur Anschaffung von Lehrmitteln für den Unterricht in der I. und II. Classe hatte die löbliche Stadtvertretung den namhaften Betrag von 5000 K bewilligt.

A. Bibliothek.

1. Lehrerbibliothek.

Verwalter: Prof. Dr. Gustav Mayer.

a) Geschenke:

Von der Stadt Eger: Prökl, Eger und das Egerland. — Kürschner, Eger und Böhmen. — Gradl, Die Privilegien der Stadt Eger. — Kunstschmiede- und Schlosserarbeiten des 13.—18. Jahrhunderts aus den Sammlungen des nordböhm. Gewerbemuseums in Reichenberg. — Journal für Gasbeleuchtung und Wasserversorgung. Jahrg. 1885—1898 (14 Bde.) — Gesundheits-Ingenieur. Jahrg. 1893—1898 (6 Bde.) — Die gewerbl. Unterrichtsanstalten in Österreich. — Seemiller, Die zweite Bahnverbindung des Reiches mit Triest. — Siegl, Die Kataloge des Egerer Stadtarchivs.

Von Herrn Dr. Gustav Gschier, Bürgermeister der Stadt Eger: Kohlrausch, Die deutsche Geschichte. — Zimmermann, Geschichte der Hohenstaufen. — Pelzel, Geschichte der Böhmen. — Zeitschrift des deutschen u. österr. Alpenvereins. Jahrg. 1894—1899 (6 Bde.) — Zur Feier des 100jähr. Jubiläums von Franzensbad. — Gradl, Monumenta Egrana (1. Bd.) — Sanitätsbericht der Stadt Eger. 1884 und 1895 (2 Hefte). — Horawitz, Caspar Bruschius. — Mayer, Wallensteins letztes Quartier. — Bericht der Handels- und Gewerbekammer in Eger. 1851, 1858, 1863—80, 1886—95 (10 Hefte). — Wolf, Volkslieder aus dem Egerlande. — Lehmann, Die 25jährige Gedenkfeier der Schlacht bei Königgrätz. — John, Literar. Jahrbuch (Bd. 3—5). — Sommer, Das Königreich Böhmen. I. Bd. (Leitmeritzer Kreis). VI. Bd. (Pilsener Kreis). XIV. Bd. (Saazer Kreis). — Galletti, Allgemeine Weltkunde. — Jellačić, Gedichte. — Mittheilungen des Vereines für Geschichte der Deutschen in Böhmen. 1.—12. Jahrg. (1863—74), 29.—38. Jahrg. (1891—1900).

Von Herrn Dr. Georg Habermann in Eger: Zeitschrift des allgemeinen deutschen Sprachvereins. 7.—13 Jahrg. (1892—98). — Wissenschaftliche Beihefte des allgem. deutschen Sprachvereins. 3.—11. 14./15. Heft. — Wetzler, Die Gesundbrunnen im Obermainkreise des Königr. Bayern. — Hübsch, Gesees und seine Umgebung. — Schiller, Wallenstein (Ausg. v. 1808). — Sommerer, Alexandersbad, Luisenburg und Umgebungen. — Stöhr, Kaiser Karlsbad. — Urban, Notizen zur Heimatskunde des Gerichtsbezirkes Plan. — Mayer, Geschichte Österreichs. — Stift und Kloster Waldsassen.

Vom Vereine für Geschichte der Deutschen in Böhmen: Mittheilungen des V. f. G. d. D. i. B., 13.—28. Jahrg. (1875—1890).

Vom Verfasser Herrn Regierungsrath Dr. Franz Martin Mayer in Graz: Geschichte Österreichs, 2. Aufl., I. Bd.

Von der Buchhandlung Kobrtsch & Gschihay in Eger: Platz, Der Mensch. — Schönbach, Über Lehre und Bildung. — Müller Wilh., Politische Geschichte der neuesten Zeit. — Wislicenus, Astrophysik. — Schaefer, Die Baukunst des Abendlandes. — Klein, Chemie. — Falb,

Von den Umwälzungen im Weltall. — Winkler, Praktische Übungen in der Maßanalyse. — Heintze, Gut Deutsch. — Trunk, Zur Hebung des deutschen Sprachunterrichtes. — Melzer, Eger und seine Umgebung. — Hugo V., 1793. — Schulz, Wallenstein und die Zeit des 30jähr. Krieges. — Scobel, Thüringen. — Heyck, Bismarck. — Haushofer, Tirol. — Egerer Jahrbuch. 28.—30. Jahrg. (1898—1900). — Knackfuß, Raffael. — Kerner Theobald, Das Kernerhaus. — Perthes, Taschenatlas. 29. Aufl. — Spitzberg-Album. — Ploetz, Französ. Chrestomathie.

Von Herrn Prof. Dr. Gustav Mayer in Eger: Sporschil, Geschichte der Deutschen (5 Bde.).

Vom Eger-Zweig des allgemeinen deutschen Sprachvereins: Zeitschrift des allgem. deutschen Sprachvereins XIV (1899). — Wissenschaftliche Beihefte hiezu. Nr. 12/13. — Dunger, Wider die Engländerei in der deutschen Sprache.

Von Herrn Heinrich Welzel, Weinhändler in Eger: Wissenschaftliche Beihefte des allgemeinen deutschen Sprachvereins. Nr 16, 17/18.

b) Ankauf:

Marenzeller, Normalien für Gymnasien und Realschulen (2 Bde.) — Hübl, Handbuch für Directoren, Professoren etc. — Hübl, Normalien-Index. — Instructionen für den Unterricht an der Realschule in Österreich (2 Ex.) — Weisungen zur Führung des Schulamtes (2 Ex.) — Klein u. Thomé, Die Erde (2 Bde.) — Lehnert, Um die Erde (2 Bde.) — Rudolph, Handbuch für den Unterricht in deutschen Stilübungen. — Fuchs, Deutsches Wörterbuch. — Wackernagel, Altdeutsches Lesebuch. — Stifter Adalb., Ausgewählte Werke (2 Bde.) — Meyer, Conversationslexikon, 5. Aufl. (19 Bde.) — Brehm, Thierleben, 3. Aufl. (10 Bde.) — Neumayer, Erdgeschichte (2 Bde.) — Ratzel Friedr., Völkerkunde (3 Bde.) — Lübke, Geschichte der deutschen Kunst. — Scherr, Allgemeine Geschichte der Literatur. — Oncken, Allgemeine Geschichte in Einzeldarstellungen (44 Bde.) — Janssen, Geschichte des deutschen Volkes (8 Bde.) — Stejskal, Dictierbuch. — Stejskal, Regeln und Wörterverzeichnis (2 Ex.) — Falke, Ästhetik des Kunstgewerbes. — Sachs-Villatte, Encyclopäd. Wörterbuch der französischen und deutschen Sprache. Große Ausgabe. 5. Aufl. (2 Bde.) — Scherer, Geschichte der deutschen Literatur. — Sievers, Australien und Oceanien. — Sievers, Amerika. — Sievers, Asien. — Sievers, Europa. — Sievers, Afrika. — Kraemer, Das 19. Jahrhundert (3 Bde.) — Heksch, Die Donau. — Payer, Die österr.-ung. Nordpolexpedition. — Eitelberger, Gesammelte kunsthistorische Schriften (4 Bde.) — Schirmer, Geometr. Darstellen von Körpern nach Modellen. — Lübke und Lützow, Denkmäler der Kunst. — Müller-Pouillet, Lehrbuch der Physik (4 Bde.) — Lechner, Schule und Jugendspiel. — Kimmich, Zeichenschule. — Bruinier, Das deutsche Volkslied. — Friedrich, Katechismus der analytischen Geometrie. — Weinhold, Physikal. Demonstrationen. — Heck L., Lebende Bilder aus dem Reiche der Thiere. — Bibliothek der Unterhaltung und des Wissens. Jahrgang 1895 Bd. 1—7, 1896 Bd. 1—13. — Die österr.-ungar. Monarchie in Wort und Bild. 20 Bde. und 21 H. (soweit erschienen). — Grimm, Deutsches Wörterbuch. 11 Bde. 14 Lfgn. (soweit erschienen). — Das Buch der Erfindungen. 9. Aufl., I.—VIII. Bd. — Bachmann, Geschichte Böhmens. I. Bd. — Verordnungsblatt des Ministeriums für Cultus und Unterricht. Jahrg. 1890, 1893—1900. — Naturwissenschaftliche Rundschau. 14. Jahrg. (1899), 15. Jahrg. (1900). — Mathematische Annalen. 52. Bd. (1899), 53. Bd. (1900). — Zeitschrift für den physikal. und chem. Unterricht.

12. Jahrg. (1899), 13. Jahrg. (1900). — Die Kunst. 1. Jahrg. (1899/1900). — Velhagen und Klasings Monatshefte. 10. Jahrg. (1899/1900). — Zeitschrift für das Realschulwesen. 24. Jahrg. (1899), 25. Jahrg. (1900). — Die österr. Mittelschule. 13. Jahrg. (1899/1900). — Geographische Zeitschrift. Herausgeg. v. A. Hettner. 6. Jahrg. (1900). — Jahrbuch des höheren Unterrichtswesens in Österreich. 12. u. 13. Jahrg. (1899 u. 1900). — Zeitschrift des allgem. deutschen Sprachvereins. Jahrg. 1888—1899 in 6 Bdn.

2. Schülerbibliothek.

Verwalter: Professor August Hauptmann.

a) Geschenke:

Von der Buchhandlung Götz in Eger: H. Proschko, Aus der Heimat. — F. J. Proschko, Geschichtsbilder aus den Kronländern Österreich-Ungarns. — Zöhrer, Österreichisches Seebuch, Der österreichische Robinson. — Weißenhofer, Die Waise vom Ybbsthal, Edelweiß. — Oertel, Rudolf v. Habsburg. — Braun, Heimatlos. — Noë, Am Hofe der Babenberger, Reise in den Nasswald. — Piletschka, Märchenschatz. — Moißl, Das Geschenk der Zwerge. — Fr. Hoffmann, Du sollst nicht stehlen. — Jul. Hoffmann, Großvaters Liebling. — Hammer, Zur rechten Zeit gerettet. — Horn, Columbus. — Herchenbach, Hans Baldringer, Ein untergegangenes Grafengeschlecht, Der Geisterseher. — Natorp, Lebrecht. — Jacobs, Alwin und Theodor. — Rothaug. Walhalla, Sagenkranz. — Zwiedineck-Südenhorst, Wallenstein. — Obentraut, Aus der deutschen Thiersage. — Grube, Naturbilder. — Roskowska, Im Busch.

Von der Buchhandlung Kobrtsch & Gschihay in Eger: Strehlen, Parzival. — Fr. Hoffmann, Der Schein trügt, Der Strandfischer, Wenn Gott hilft. — Höcker, Es ist nichts so fein gesponnen. — Kuk, Dem Kaiser. — Smolle, Erzherzog Albrecht (2 Ex.) — Noë, Am Hofe der Babenberger, Die Pionniere der Unterwelt. — Zöhrer, Österreichs Buch der Arbeit. — Prohaska, Die Fahrt der Sibylle. — Maximilian Schmidt, Die Künischen Bauern. — Rosegger, Als ich noch der Waldbauernbub war. — Stöckl, Zum Meer. — Göpel, Kunstgeschichte. — Scipio u. . . ., Stürmische Zeiten. — Wagner, Die kleinen Pflanzenfreunde. — L. Thomas, Die denkwürdigsten Erfindungen. I.

b) Ankauf:

Hoffmann, Ludwig von Beethoven (4 Ex.), An Gottes Segen ist alles gelegen (3 Ex.), Mozarts Jugendjahre (4 Ex.), Schillers Jugendjahre (4 Ex.), Die Noth am höchsten, die Hilfe am nächsten (2 Ex.), Peter Simpel (4 Ex.). Hoch im Norden. (2 Ex.), Äußerer Glanz und innerer Wert (4 Ex.), Der Schatz des Inka (2 Ex.), Liebet eure Feinde (2 Ex.), Ein Bibelblatt (2 Ex.), Die Geschichte vom Tell (4 Ex.), Kleine Versäumnisse (4 Ex.), Jakob Ehrlich (2 Ex.), Kleine Ursachen (2 Ex.), Geier-Wälty (2 Ex.), Durch Nacht zum Licht (2 Ex.). Untreue schlägt den eigenen Herrn (2 Ex.), Beharrlichkeit führt zum Ziele (2 Ex.), Der neue deutsche Jugendfreund (2 Ex.). — v. Horn, Die Kaiserin Maria Theresia (4 Ex.), Wie einer Walfischfänger wurde (2 Ex.), Von dem Manne, der uns den Weg nach Amerika gewiesen (2 Ex.), Auf dem Mississippi (4 Ex.), Durch die Wüste (2 Ex.), Der Leibhusar (4 Ex.), Prinz Eugenius (4 Ex.), Die Eroberung von Mexiko (2 Ex.), Zwei Ausbrüche des Vesuvs (4 Ex.), Gellert (4 Ex.), Die Eroberung von Algier (4 Ex.), James Watt (4 Ex.), George Stephenson (2 Ex.), Benjamin

Franklin (2 Ex.), Franz Drake (2 Ex.), Das Erdbeben von Lissabon (4 Ex.), Zwei Savoyardenbüblein (4 Ex.), Der Schiffsjunge (4 Ex.), Brand von Moskau (2 Ex.), Vier deutsche Heldinnen (2 Ex.), Was aus einem armen Hirtenbüblein werden kann (2 Ex.), Die Eroberung von Constantinopel (2 Ex.), Die Belagerung von Wien (4 Ex.), Die Vergeltung (2 Ex.), Der Herr ist mein Schild (2 Ex.), Die Gemsjäger (2 Ex.), Die Biberfänger (2 Ex.), Der Ostindienfahrer (2 Ex.), Die Boernfamilie (2 Ex.), Deutsche Treue (2 Ex.). — Nieritz, Ein furchtbares Himmelfahrtsfest (4 Ex.), Gustav Wasa (2 Ex.), Pompejis letzte Tage (4 Ex.), Der Schmied von Ruhla (4 Ex.), Die drei Invaliden (4 Ex.), Bruderliebe (4 Ex.), Die Türken vor Wien (4 Ex.), Belisar (2 Ex.), Der kleine Bergmann (4 Ex.), Ein Weihnachtsbaum (2 Ex.), Columbus (2 Ex.), Das vierte Gebot (2 Ex.), Der verlorene Sohn (2 Ex.), Deutschlands Erniedrigung und Erhebung (2 Ex.), Negersclaven (2 Ex.), Lingg von Linggenfeld (2 Ex.). — Höcker, Wenn's nöthig ist, hilft Gott (4 Ex.), Thue recht und scheue niemand (2 Ex.), Aus eigner Kraft (2 Ex.). — von der Decken, Handwerk hat goldenen Boden (3 Ex.). — Schupp, Vom Rhein zur Donau (4 Ex.), Arndt (2 Ex.), Der Fuhrmannsjunge im Kriege (2 Ex.) — Oertel, Rudolf von Habsburg (4 Ex.), Hans Sachs (4 Ex.), Johann Gutenberg (4 Ex.), Heinrich I. (2 Ex.), Otto I. (2 Ex.), Karl der Große (2 Ex.), Theodor Körner (2 Ex.). — Becker, Erzählungen aus der alten Welt, I. und II. (2 Ex.). — Gebrüder Grimm, Kinder- und Hausmärchen (2 Ex.). — Goehring, Columbus. — Campe, Robinson (2 Ex.), Robinson der Jüngere (2 Ex.). — Defoë und Campe, Robinson Crusoë (2 Ex.). — Müller, Rübezahl (2 Ex.). — Bürger, Münchhausen (2 Ex.). — Buddeus, Treue um Treue (2 Ex.). — Osterwald, Helden der Sage (2 Ex.). — Willomitzer, Ein deutsch-österreichischer Eskimo. — Wendt, Herr Walther von der Vogelweide. — Schirmer, Maximialian, Kaiser v. Mexiko. — von der Sann, Die Schlacht bei St. Gotthard. — Rothaug, Walhalla, Sagenkranz. — Moißl, Aus bewegter Zeit. — Kopetzky, Rüdiger, Graf von Starhemberg (3 Ex.). — Jerusalem, Alexander des Großen Leben und Thaten. — Holzner, Muth und Kindesliebe. — Hahn, Die österr.-ung. Nordpol-Expedition, Wider Pest und Halbmond. — Petritsch, Wolfgang und Nannerl. — Schalk, Deutsche Heldensage. — Kürnberger, Im Bergwerke zu Schemnitz. — Danzer, Unter den Fahnen. — Krebs, Die Physik im Dienste der Wissenschaft, der Kunst ... — Wichner, In freien Stunden (3 Ex.). — Gaudeamus. — Lausch, Heitere Ferientage (2 Ex.). — Mohl, Seltsame Geschichten (2 Ex.). — Dielitz, Reisebilder (2 Ex.). — Röhrich, Räthselhafte Dinge (2 Ex.). — Zöhrer, Österreichische Alpengeschichten, Donauhort (2 Ex.), Österreichisches Seebuch (2 Ex.), Unter dem Kaiseradler (2 Ex.), Österreichisches Sagen- und Märchenbuch (2 Ex.). — Pilz, Die kleinen Thierfreunde (2 Ex.). — d'Albon, So ist unser Kaiser (2 Ex.), Unsere Kaiserin (2 Ex.), Kronprinz Rudolf (2 Ex.). — Müller, Cook (2 Ex.). — Kane, Der Nordpolfahrer (2 Ex.). — Reichenbach, Das Buch der Thierwelt. — Andree, Robinsonaden. — Wagner, Herzblättchens Naturgeschichte, Im Grünen (2 Ex.), Berg und Thal, Haus und Hof, Die Wohnstube. — Gerstäcker, Die Welt im Kleinen, I.—VII. (2 Ex.). — Hauff, Märchen. — Bertram Grimm, Tausend und eine Nacht. — Swift, Gullivers Reisen. — Schwab, Die schönsten Sagen des classischen Alterthums, I. II. — Wägner, Unsere Vorzeit I. II. — Brendel, Erzählungen aus dem Leben der Thiere. — J. Proschko, Radetzky (2 Ex.), Der Schwede vor Prag (2 Ex.), Maria Theresia (2 Ex.). — Das Neue Universum XX.

B. Lehrmittelsammlungen.

1. Lehrmittel für den geographischen und geschichtlichen Unterricht.

Verwalter: Prof. Dr. Gustav Mayer.

Ankauf:

v. Haardt, Schulwandkarte von Österreich-Ungarn. Polit. Ausg. — v. Haardt, Orohydrographische Wandkarte von Europa. — v. Haardt, Politische Schulwandkarte von Europa. — v. Haardt, Orohydrographische Schulwandkarte von Asien. — v. Haardt, Schulwandkarte von Afrika (physikalisch). — v. Haardt, Schulwandkarte von Amerika. — v. Haardt, Schulwandkarte von Australien und Polynesien. — Kiepert R., Politische Schulwandkarten der Länder Europas: Balkan-Halbinsel, Britische Inseln, Frankreich, Italien, Spanien und Portugal. — v. Sydow-Habenicht, Deutsches Reich und Nachbarländer. Orohydrographisch. 2. Aufl. — v. Haardt, Wandkarte der Alpen. — Kozenn, Wandkarte der Planigloben. — Stieler, Handatlas in 95 Karten. Umgebungskarte von Eger. 1—200 000. — Felkl, Erdglobus. Inductionsglobus. — Felkl, Tellurium. — Horizontmodell. — Hölzel, Geographische Charakterbilder, Nr. 1, 3, 4, 5/6, 10, 11, 12, 13, 14, 15, 16, 17, 18, 19, 20, 22, 23/24, 25, 26, 27, 28, 31, 32, 33, 34: Aus dem Ortlergebiet, Golf von Pozzuoli, Wüste, Berner Oberland, Neapel mit dem Vesuv, Pasterzengletscher mit dem Großglockner, Nilthal und Nilkatarakte bei Assuan, Säulencap auf Kronprinz Rudolfs-Land, Helgoland, Tropenurwald, Hafen von Nagasaki, Adelsberger Grotte, Thalsporne im Ober-Innthale, Weckelsdorfer Felsen, Donau bei Wien, Schneekoppe, Stettiner Haff, Bocche di Cattaro, Hammerfest, Tafelberg mit Capstadt, Steilküste in Irland, Halemaumau-Lava-See des Kilanea-Kraters auf Hawaii, Kintschindschinga mit den Vorketten des Himalaya, Reine auf den Lofoten, Mont Perdu und Circus von Gavarnie. — Hölzel, Geogr. Charakterbilder. Handausgabe mit Text. — Lehmann, Geographische Charakterbilder, Nr. 2, 4, 6/7, 8, 9/10, 11, 12, 13, 14, 16, 19, 20, 22, 23, 25, Rhein bei Bingen, Thüringerwald mit der Wartburg, Berner Alpen, Rheinfall bei Schaffhausen, Riesengebirge, Furka-Straße, Aletsch-Gletscher, Polar-Landschaft, Forum von Rom, Constantinopel, Jerusalem zur Zeit Christi, New-York, Düne, Drei Zinnen, Well- und Wetterhorn. — Lehmann-Leutemann, Völkertypen Nr. 1—6: Eskimo, Neger, Chinese, Hindu, Indianer, Südsee-Insulaner.

Kiepert H., Wandkarte der alten Welt. — Kiepert H., Altitalien. — Kiepert H., Das römische Reich. — Kiepert H., Altgriechenland. — Langl, Bilder zur Geschichte, Nr. 1—31: Sphinx und Pyramiden, Memnons-Kolosse, Tempel von Luxor, Felsengräber von Ipsambul, Insel Philae mit dem Isistempel, Tempel von Edfu, Ellora, Mahamalaipur, Grottentempel von Elephanta, Palast von Khorsabad, Grabmal des Cyrus, Persepolis, Königsgräber (Naksch-i-Rustem), Löwenthor von Mykenae, Tempel auf Aegina, Akropolis von Athen (Nordseite), Dasselbe (Südseite), Denkmal des Lysikrates, Erechtheion, Theater des Dionysos in Athen, Syrakus, Forum Romanum, Triumphbogen des Constantin, Via Appia, Colosseum, Pantheon, Mausoleum des Hadrian, Pompeji, Haus des tragischen Poeten in Pompeji, Theater zu Taormina, Palmyra. — Langl, Bilder zur Geschichte. Kleine Ausgabe mit Text. — Lohmeyer, Wandbilder für den geschichtlichen Unterricht, Nr. 1, 2, 5, 6, 7: Römisches Lagerbild, Karl der Große empfängt eine maurische Gesandtschaft, Angriff der athen. Hopliten bei Marathon, Schlacht im Teutoburger Walde, Otto der Große in der Schlacht am Lechfelde. — Weisser, Bilderatlas zur Weltgeschichte.

2. Lehrmittel für Naturgeschichte.

Verwalter: Bis 18. März k. k. Gymnasialprofessor Johann Dimter.
Vom 19. März bis Schluss des Schuljahres Supplent Anton Kramer.

Zoologie.

a) Geschenke:

Vom Herrn Bürgermeister Dr. Gustav Gschier: 1 Rehgeweih auf Holz, 1 Rehgeweih auf dem Schädel, 1 Pavian, 1 Fischadler.
Vom Herrn Bauinspector Josef Pascher: 1 Fuchs.
Vom Herrn Brauereibesitzer Christoph Schmidt jun: 1 Iltis, 1 Waldohreule, 1 Tannenheher.
Vom Herrn Förster Ignaz Sommer: 1 Schädel des Rehes.
Vom Herrn Fischhändler Bernard Ott: 7 verschiedene Schnecken, 1 Einsiedlerkrebs.
Vom Herrn J.U.Dr. Hans Stanka: 5 verschiedene Schnecken, 2 Muscheln.
Von dem Schüler Heinrich Dietz: 3 Hörner des Schafes, 2 Hörner des Rindes, 1 Schädel des Rindes, 10 Zähne des Rindes, 1 Fuß des Rehes, 1 Fuß des Hirsches.
Von dem Schüler Rudolf Fügert: 1 Eckzahn des Schweines, 1 Unterkiefer des Schweines.
Von dem Schüler Max Bäuml: 1 Horn des Rindes.

b) Ankauf:

a) Skelette und anatomische Präparate: 1 Elenthier-Geweih auf Holz, 1 Reh-Geweih auf Holz, 7 Skelette von Säugethieren, 3 Skelette von Reptilien und Amphibien, 1 Fisch-Skelet.
b) Stopf-Exemplare: 22 Säugethiere, 132 Vögel.
c) Spiritus-Präparate: 8 Reptilien und Amphibien, 6 Fische, 4 Verwandlungen von Insecten, 7 Spinnenthiere und Tausendfüßler, 2 Kopffüßler und 1 Muschel, 5 Würmer.
d) Trocken-Präparate: 2 Schildkröten, 1 Spinne, 9 Krebse, 7 Fische, 1 Schulpe des Tintenfisches, 94 Schnecken und Muscheln, 20 niedere Thiere.
e) Eier-Sammlungen: 1 Straußenei.
f) Wandtafeln: 79 Charakterbilder aus der Thierwelt in Farbendruck von H. Leutemann, 5 Tabellen: Mundtheile der Insecten von Dr. Muhr.
g) Kästen und Schachteln: 8 Kästen mit 750 Stück Insecten, 10 Schachteln, Biologie der Insecten.

Botanik.

Ankauf:

a) Modelle: 11 Stück Pflanzen-Modelle.
b) Wandtafeln: 40 colorierte Tafeln mit Bäumen, Sträuchern, Kräutern und Gräsern von Hartinger, 12 colorierte Tafeln mit Schwämmen von Hartinger.

Mineralogie.

Ankauf:

80 Stück verschiedene Mineralien.

Petrefacte.

Ankauf:

30 Stück.

3. Lehrmitttel für Freihand- und geometrisches Zeichnen.

Verwalter: Professor Josef Kober.

Vorlagenwerke.

Andĕl Anton, Das geometrische Ornament. 4. Auflage.
" Das polychrome Flachornament.
" Das polychrome Flachornament, Neue Folge.
" Elemente des pflanzlichen Ornamentes.
Fallenböck Alfred, Elementar-Zeichenschule, 100 Blätter in Mappe.
Herdtle Ed., Vorlagenwerk für den Elementar-Unterricht im Freihandzeichnen. 60 Blätter in Folio, 24 Blätter in Farbendruck.

Apparate und Modelle.

2 Modellbretter.
Perspectivischer Versuchsapparat mit Glastafel und drei Stäbchen.
Sechs kleine Anschauungsapparate.
Zwei eiserne Stative für Draht- und Holzmodelle.
Modelltisch zum Aufstellen von Holzmodellen.
Getheilte Gerade mit drei Marken.
Fünf parallele Gerade zur ersten Einübung und gleichzeitigen Ableitung der perspectivischen Grundlehren.
Zwei Quadrate mit Diagonalen.
Zwei Quadrate mit eingeschriebenem Kreis.
Volles dreiseitiges Prisma.
Zwei volle vierseitige Pyramiden.
Volles vierseitiges Prisma.
Hohles vierseitiges Prisma.
Zwei volle Würfel.
Volles sechsseitiges Prisma.
Zwei volle Kegel.
Zwei volle Cylinder.
Volle Kugel.
Hohle Halbkugel.
Zwei quadratische Platten.
Quadratische Platte mit kreisförmigem Ausschnitt.
Sechseckige Platte.
Achteckige Platte mit quadratischem Ausschnitt.
Kreisrunde Scheibe.
Cylindrischer Ring.
Quadratische Platte mit Hohlkehle.
Kreisrunde Scheibe mit Hohlkehle.
Kreisrunder Wulstring.
Combination des hohlen Halbcylinders mit Stab.

Geometrie.

40 geometrische Körper aus Holz.
4 rechtwinklige Dreiecke.
3 Transporteure.
4 Zirkel.
1 Bleistiftspitzmaschine.

4. Lehrmittel für Gesang.

Verwalter: Prof. Dr. Gustav Mayer.

Ein Harmonium, eine Tafel mit Notenlinien.

Stand der Lehrmittelsammlungen am Schlusse des Schuljahres.

Name der Sammlung	Stück	Name der Sammlung	Stück
Lehrerbibliothek:		Zoologische Sammlung:	
Gesammtnummern	120	Wirbelthiere	183
Zahl der Bände	346	Andere Thiere	918
Zahl der Hefte	74	Sonstige zoolog. Gegenstände	37
Zahl der Programme	17	Wandtafeln und Abbildungen	84
Schülerbibliothek:		Botanische Sammlung:	
Gesammtnummern	369	Blütenmodelle	11
Zahl der Bände	391	Wandtafeln	52
Geogr.-hist. Sammlung:		Mineralog. Sammlung:	
		Mineralien und Petrefacten	110
Wandkarten	20	Freihandzeichnen:	
Atlanten	2	Drahtmodelle	6
Globen	2	Holzmodelle	25
Tellurien	1	Vorlageblätter	294
Wandtafeln	83	Apparate	8
Horizontmodell	1	Utensilien	4
Geometrie:		Musikaliensammlung:	
Körper und Modelle	40	Harmonium	1
Utensilien	12	Tafel mit Notenlinien	1

VII. Wichtigere Erlässe der vorgesetzten Behörden.

1. L.-S.-R.-E. vom 17. October 1899, Nr. 37081:
   In der Zeit vom 1. October bis Ende März dürfen Schüler ohne zwingenden Grund nicht nach 7 Uhr abends außerhalb ihrer Wohnung verweilen.
2. Min.-Erl. v. 5. October 1899, Z. 17703 (L.-S.-R.-E. v. 20. October 1899, Nr. 36525):
   Regelung der Verpflichtung der evangelischen und israelitischen Religionslehrer zur Theilnahme an den regelmäßigen Conferenzen.
3. L.-S.-R.-E. vom 13. November 1899, Nr. 40464:
   Die für weiland Ihre Majestät die Kaiserin Elisabeth am 19. November zu veranstaltende kirchliche Gedächtnisfeier findet, falls der 19. November ein Sonntag ist, am 18. November statt. Dieser Tag ist unterrichtsfrei.
4. L.-S.-R.-E. vom 11. November 1899, Z. 38346:
   In der gesammten Geschäfts- und Geldgebarung sowie auch beim Unterrichte ist vom 1. Jänner 1900 an ausschließlich die Kronenwährung einzuführen.
5. Min.-Erl. vom 31. Jänner 1900, Z. 32549 (L.-S.-R.-E. vom 1. März 1900, Nr. 5805):
   Bei Zuerkennung der Reife mit Auszeichnung kommt nur die vorzügliche Prüfungsnote, nicht aber die Durchschnittsnote aus der zweiten nicht obligaten Landessprache nach der günstigen Seite in Betracht.

6. L.-S.-R.-E. v. 24. März 1900, Z. 12195:
Jede Unterbrechung des regelmäßigen Unterrichtsganges, welche der Initiative der Direction überlassen bleibt, ist mindestens 8 Tage zuvor dem k k. Landesschulrathe anzuzeigen.
7. L.-S.-R.-E. vom 1. Juni 1900, Nr. 19817, betreffend Bestimmungen über die Zusendung der Rügezettel an die Eltern der Schüler.

VIII. Chronik der Anstalt.

1899.

18. August: Der Director wohnte dem in der Decanalkirche zu Ehren des Allerhöchsten Geburtsfestes Seiner k. u. k. Apostolischen Majestät unseres Kaisers abgehaltenen feierlichen Gottesdienste bei.

26. August: L.-S.-R.-.E. v. 24. August 1899, Nr. 28327.
Die an den k. k. L.-S.-R. erstattete Anzeige von der am 15. August erfolgten Übernahme der Leitung der Communal-Realschule in Eger durch den Director August Fieger wird zur Kenntnis genommen.

14. September: Zuschrift des Stadtrates vom 12. September 1899, Nr. 7977.
Mittheilung, dass der k. k. Landesschulrath mit Erl. v. 24. August 1899, Nr. 27069 die Bewilligung zur Eröffnung der 1. und 2. Classe der Communal-Realschule in Eger mit dem Schuljahre 1899-1900 ertheilt hat.

16.—18. September: An diesen Tagen wurden die Aufnahmsprüfungen für die 1. und 2. Classe vorgenommen.

19. September: Eröffnung des Schuljahres durch einen feierlichen Gottesdienst in der Decanalkirche bei Anwesenheit des Bürgermeisters Herrn Dr. G. Gschier, des Stadtrathes und mehrerer Stadtverordneten. Nach demselben Besichtigung der Realschulräumlichkeiten durch die Stadtverordneten.

20. September: Beginn des regelmäßigen Unterrichtes.

23. September: Besichtigung der Anstalt durch den Herrn k. k. Hofrath und k. k. Landesschulinspektor P. Robert Christian Riedl.

4. October: Der Lehrkörper und sämmtliche katholischen Schüler wohnen dem aus Anlass des Namensfestes Sr. kais. und königl. Apostolischen Majestät abgehaltenen Festgottesdienste in der Decanalkirche bei.

13. October: Zuschrift des Stadtrathes vom 8. October 1899, Z. 665.
Der k. k. Landesschulrath hat mit dem Erl. vom 6. October 1899, Z. 34501, die Bewilligung zur Verwendung des k. k. Gymnasialprofessors Johann Dimter an der Communal-Realschule in Eger für einen wöchentlich sechsstündigen Unterricht in der Naturgeschichte ertheilt.

17. October: Zuschr. des Stadtrathes v. 13. October 1899, Z. 9430.
Mittelst Erl. des k. k. Landesschulrathes vom 10. October 1899, Z. 33243, wird der k. k. Gymnasialprofessor Carl Walter als Nebenlehrer für böhmische Sprache für das Schuljahr 1899/1900 bestätigt.

9. November: Die Bestellung des wirkl. Lehrers der Anstalt Dr. G. Mayer als Nebenlehrer des Gesanges wird genehmigt. (Min.-E. vom 24. October 1899, Z. 29027; L.-S.-R.-E. vom 28. October 1899, Z. 38445).

19. November: Kirchliche Gedächtnisfeier für weiland Ihre Majestät die Kaiserin Elisabeth, an welcher sich der Lehrkörper und sämmtliche katholischen Schüler betheiligten.

27. November: Die Bestellung des Rabbiners Dr. Emanuel Schwartz als israelitischen Religionslehrers der Anstalt wird genehmigt (L.-S.-R.-E. vom 14. November 1899, Nr. 39826).

27.—29. November: Inspection der Anstalt durch den Herrn k. k. Hofrath und k. k. Landesschulinspector P. Robert Christian Riedl.

4.—7. December: Inspection der Anstalt durch den Herrn k. k. Landesschulinspector Dr. Josef Muhr.

1900.

15. Jänner: Die Stadtvertretung beschließt in der Gemeindeausschussitzung vom 15. Jänner 1900 die Unterbringung der Realschule im 1. und 2. Stockwerke des Schulhauses „Rudolphinum".

27. Jänner: Verleihung des Öffentlichkeitsrechtes für die I. und II. Classe (Min.-E. vom 18. Jänner 1900, Z. 352; L.-S.-R.-E. vom 25. Jänner 1900, Nr. 3237).

10. Februar: Schluss des I. Semesters.

14. Februar: Beginn des II. Semesters.

17. März: Der k. k. Gymnasialprofessor Johann Dimter wird infolge Ernennung zum k. k. Bezirksschulinspector für die Schulbezirke Asch und Eger von der Ertheilung des naturgeschichtlichen Unterrichtes enthoben. (L.-S.-R.-E. vom 15. März 1900, Nr. 10612.)

26. und 27. März: Inspection des Zeichenunterrichtes durch den Herrn Zeicheninspector k. k. Schulrath A. Friebel.

31. März: Commissionelle Besichtigung der für die Communal-Realschule in Antrag gebrachten Localitäten im 1. und 2. Stockwerke des Schulhauses „Rudolphinum". (L.-S.-R.-E. vom 9. März 1900, Z. 9269.)

2. April: Die Errichtung einer Schülerlade an der Anstalt wird nach dem vorgelegten Statute vom k. k. Landesschulrathe genehmigt (L.-S.-R.-E. vom 8. März 1900, Z. 6958).

4. April: Anerkennung des Bestandes der Reciprocität in Betreff der Dienstesbehandlung der Directoren und Lehrer zwischen der Anstalt einerseits und den Staatsmittelschulen anderseits im Sinne des § 15 des Ges. v. 19. September 1898, R.-G.-Bl. 173 (Min.-Erl. v. 13. März 1900, Z. 4448).

23. April: In der Gemeindeausschussitzung vom 23. April l. J. wird die zu besetzende Lehrstelle für die naturgeschichtliche Fachgruppe dem wirkl. Lehrer in provis. Eigenschaft an der Landes-Oberrealschule in Zwittau, Josef Hoffmann verliehen (Bestätigt mit L.-S.-R.-E. v. 8. Juni 1900, Nr. 18808). In der nämlichen Sitzung wird über Antrag des Realschul-Directors beschlossen, unter Beibehaltung des Probetrienniums jedem wirklichen Lehrer bei seiner Anstellung an der Anstalt den Titel „Professor" zuzuerkennen.
Prof. August Hauptmann wird definitiv angestellt mit der Rechtswirksamkeit vom 1. August 1899. — Als Jugendspielplatz wird die Brühlwiese bei gleichzeitiger Benützung der Sängerhalle bestimmt.

9. Mai: Die Bestellung des Bürgerschullehrers Anton Kramer in Eger als Supplent wird für die restliche Dauer des Schuljahres 1899/1900 genehmigt. (Min.-Erl. v. 23. April 1900, Z. 9249; L.-S.-R.-E. v. 30. April 1900, Nr. 16608).

29. Mai: Unterrichtsfrei anlässlich eines Schülerausfluges.

Das Schuljahr wurde am 14. Juli 1900 nach einem feierlichen Dankamte mit der Vertheilung der Zeugnisse geschlossen.

IX. Förderung der körperlichen Ausbildung der Schüler.

Entsprechend dem h. Ministerial-Erlasse vom 15. September 1890, Z. 19097, wurde der Pflege der körperlichen Ausbildung der Schüler seitens des Lehrkörpers die größte Sorgfalt gewidmet.

1. Baden. Während der kälteren Jahreszeit, wo ein Baden im Freien nicht möglich war, stand den Schülern jeden Mittwoch von 4—5 Uhr nachmittags das Dampfbad des Herrn Theodor Peter gegen das mäßige Entgelt von 30 h pro Schüler zur Verfügung. Der Besitzer des Bades gewährte per Dutzend 2 Freikarten, und da außerdem auch von der Schülerlade Unterstützungen bewilligt wurden, war es auch minder bemittelten Schülern ermöglicht, an diesen Bädern theilzunehmen. Die Betheiligung an denselben betrug 35—40%.

Während der Sommermonate badeten die Schüler auf den im Egerflusse errichteten Schwimmschulen der Herren Theodor Peter und Karl Neumann. Letztere spendeten für mittellose Schüler der Anstalt je 3 Lern- und 6 Übungskarten; bemittelte Schüler erhielten Saisonkarten zu ermäßigtem Preise. Dank diesem Entgegenkommen war es allen Schülern ermöglicht, die Flussbäder zu benützen, und war denn auch die Betheiligung seitens der Schüler der Anstalt eine recht rege. Von 84 Schülern besuchten 55 die Schwimmschule, von diesen waren 32 des Schwimmens bereits kundig, 23 genossen Schwimmunterricht.

2. Schlittschuhlaufen. Die Besitzer des Eisplatzes, Herr Th. Peter und Herr Karl Neumann, hatten der Anstalt in coulantester Weise 50 für die ganze Saison giltige Freikarten zur Benützung des Eisplatzes zur Verfügung gestellt. Auch wurden von denselben 22 Paar Schlittschuhe an mittellose Schüler gespendet. Da die übrigen Schüler Karten zu ermäßigtem Preise erhielten, war allen Schülern die Betheiligung am Eislaufe ermöglicht, und war diese eine äußerst rege, indem von den 89 Schülern der Anstalt 84 die Eisbahn benützten. Leider war infolge des milden Winters die Zahl der Tage, an welchen der Eislaufplatz benützt werden konnte, eine verhältnismäßig geringe.

3. Jugendspiele. Zur Abhaltung der Jugendspiele wurde in der Gemeindeausschussitzung vom 23. April 1900 die am Egerflusse gelegene Brühlwiese bei gleichzeitiger Benützung der auf derselben befindlichen großen Sängerhalle als Jugendspielplatz bestimmt. Derselbe besitzt ein Flächenausmaß von 4·9052 ha, liegt sehr geschützt und ist vollkommen eben. Bei eintretendem Regenwetter finden die Schüler in der geräumigen Sängerhalle Schutz; in letzterer sind außerdem Garderobe und Spielgeräthe untergebracht. Für die Herstellungsarbeiten des Spielplatzes wurden von der Stadtvertretung 2117 K 95 h, zur Anschaffung von Spielgeräthen 474 K bewilligt. Die Spiele begannen am 2. Mai und wurden anfangs jeden Mittwoch und Samstag in der Zeit von 5—7 Uhr, später von 6—8 Uhr nachmittags unter der Leitung des Turnlehrers der Anstalt, A. Kirschnek, abgehalten. Die Aufsicht führte Prof. J. Kober.

Der Leiter der Spiele hatte eine eigene Spielordnung verfasst, welche jedem Schüler eingehändigt wurde. Auch waren vor Beginn der Jugendspiele in den Turnstunden einige dem Lehrplane entsprechende passende Spiele bereits eingeübt worden, so dass die Schüler bei Beginn der Spiele mit denselben bereits vollkommen vertraut waren.

An Spielgeräthen wurden neu angeschafft:

5 große, 4 mittlere u. 5 kleine Hohlbälle (Fußbälle); 1 mittlerer und 5 kleine Stoßbälle, 18 dickwandige kleine Gummi-Handbälle, 8 flache u. 6 runde Schlaghölzer, 6 Stäbe zum Thurmball, 3 Schnüre zum Hexenurtanz, 2 Ziehtaue, 1 langes Schwungseil, 2 Luftpumpen aus Messing, 4 Schnürnadeln, 1 Werkzeugkasten mit Werkzeugen, 2 Signalpfeifen, 18 Stück Fahnen mit Standkreuzen, 1 Rettungskasten. Spielbücher u. zw.: 1 Exempl. Guts Muths, Spiele; 2 Ex. Lechner, Schule und Jugendspiele; 2 Ex. Dr. Eitner, Jugendspiele; 2 Ex. Kreuntz, Bewegungsspiele; 10 Ex. Kohlrausch u. Marten, Spielbuch; 1 Ex. Zeitschrift für Schule u. Jugendspiel.

Die Zahl der Spieltage betrug 13. An den Spielen betheiligten sich durchschittlich 80% der Schüler.

4. Übungsmärsche. Bei günstiger Witterung wurden von Zeit zu Zeit unter Leitung von Mitgliedern des Lehrkörpers an freien Nachmittagen Übungsmärsche in der Dauer von $1\frac{1}{2}$ bis 2 Stunden mit den Schülern der Anstalt unternommen. An denselben betheiligten sich fast sämmtliche Schüler der Anstalt. Am 29. Mai fand ein ganztägiger gemeinsamer Ausflug unter Führung des Directors und der Classenvorstände statt.

Die Direction spricht schließlich allen jenen, welche sie in der Pflege der körperlichen Ausbildung der Schüler unterstützten, den wärmsten Dank aus mit der Bitte, ihr auch fernerhin ein gleiches Entgegenkommen bewahren zu wollen.

X. Statistik der Schüler im Schuljahre 1899/1900.

(Die rechts oben beigesetzten kleinen Ziffern bedeuten die Zahl der Privatisten.)

	Classe I a	Classe I b	Classe II	Zusammen
1. Zahl.				
Zu Anfang des I. Semesters	34	34	21[1]	89[1]
Während des Schuljahres eingetreten	—	—	—	—
Im ganzen also aufgenommen	34	34	21[1]	89[1]
Darunter:				
Repetenten	3	1	1	5
Während des Schuljahres ausgetreten	3	2	1	6
Schülerzahl zu Ende 1899/1900	31	32	20[1]	83[1]
Darunter:				
Öffentliche Schüler	31	32	20	83
Privatisten	—	—	1	1
2. Geburtsort (Vaterland).				
Eger	7	11	6	24
Böhmen außer Eger	23	17	12[1]	52[1]
Niederösterreich	1	1	1	3
Steiermark	—	1	—	1
Bayern	—	1	—	1
Sachsen	—	1	—	1
Frankreich	—	—	1	1
Summe	31	32	20[1]	83[1]
3. Muttersprache.				
Deutsch	30	32	19[1]	81[1]
Čechoslavisch	1	—	1	2
Summe	31	32	20[1]	83[1]
4. Religionsbekenntnis.				
Katholisch des lat. Ritus	26	25	17[1]	68[1]
Evangelisch Augsburger Confession	1	4	3	8
Israelitisch	4	3	—	7
Summe	31	32	20[1]	83[1]
5. Lebensjahr.				
10 Jahre	—	2	—	2
11 „	5	11	1	17
12 „	13	11	2	26
13 „	9	5	12	26
14 „	4	3	4	11
15 „	—	—	1[1]	1[1]
Summe	31	32	20[1]	83[1]

	Classe			Zusammen
	I		II	
	a	b		
6. Nach dem Wohnorte der Eltern.				
Ortsangehörige	18	20	10	48
Auswärtige	13	12	10[1]	35[1]
Summe .	31	32	20[1]	83[1]
7. Classification.				
a) Zu Ende des Schuljahres 1899/1900.				
I. Fortgangsclasse mit Vorzug	9	6	4	19
I. "	14	17	14[1]	45[1]
Zu einer Wiederholungsprüfung zugelassen	2	3	—	5
II. Fortgangsclasse	6	6	2	14
III. "	—	—	—	—
Zu einer Nachtragsprüfung krankheitshalber zugelassen	—	—	—	—
Außerordentliche Schüler	—	—	—	—
Summe .	31	32	20[1]	83[1]
8. Geldleistungen der Schüler.				
Das Schulgeld zu zahlen waren verpflichtet				
im 1. Semester	31	28	20	79
im 2. Semester	24	23	16	63
Zur Hälfte waren befreit				
im 1. Semester	—	—	—	—
im 2. Semester	—	—	—	—
Ganz befreit waren				
im 1. Semester	3	6	1	10
im 2. Semester	7	10	4	21
Das Schulgeld betrug im ganzen				
im 1. Semester	780	630	600	2010 K
im 2. Semester	660	630	510	1800 K
Zusammen . .	1440	1260	1110	3810 K
Die Aufnahmstaxen betrugen	142·80	142·80	46·20	331·80 "
Die Lehrmittelbeiträge betrugen . .	68·—	68·—	44·—	180·— "
Die Taxen f. Zeugnisduplicate betrugen	—	—	—	— "
Summe .	210·80	210·80	90·20	511·80 K
9. Besuch in den relat.-oblig. und nichtobligaten Gegenständen am Schluss des II. Semesters.				
Böhmische Sprache (relativ obligat) . . .	9	10	3	22
Gesang I. Curs	14	17	6	37
10. Stipendien.				
Anzahl der Stipendisten	—	—	1	1
Gesammtbetrag der Stipendien	—	—	200 K	200 K

XI. Verzeichnis der Schüler am Schlusse des Schuljahres 1899/1900.

Die mit * bezeichneten Schüler erhielten im II. Semester ein Zeugnis der I. Fortgangsclasse mit Vorzug. Ist der angeführte Geburtsort nicht der gegenwärtige Wohnort der Eltern, so ist letzterer in der Klammer beigefügt.

I. A. Classe.

Abeles Malwin, Eger.
*Adler Emanuel, Altzedlisch.
Adler Franz, Franzensbad (Eger).
*Baar Alois, Walkowa (Reichersdorf).
Bäuml Max, Eger (Nonnenhof).
*Chomatianos Anton, Prag (Eger).
Dietz Heinrich, Eger.
Fischer Adam, Schöba.
*Frank Rudolf, Goßl (Eger).
Frieser Gustav, Pleschnitz (Eger).
Fritsch Vincenz, Franzensbad (Eger).
Fügert Rudolf, Chiesch (Fischern).
*Hamperl Felix, Tetschen (Eger).
Hanner Andreas, Eger.
Hartl Max, Eger.
*Hauswirth Ludwig, Wien (Franzensbad).
Hofmann Wilhelm, Eger.
*Kanneberger Ernst, Weipert.
Kantorschik Heinrich, Falkenau.
*Karg Georg, Oberndorf.
Kern Anton, Heinrichsgrün.
Kohlbacher Albert, Schönbach (Eger).
Komma Rudolf, Franzensbad.
Kresse Johann, Eger.
Lehrl Walther, Karlsbad (Eger).
Lehrmann Friedrich, Fleißen.
*Lohr Adam, Kulsam (Mostau).
Löw Anton, Oberndorf.
Löwy Paul, Chodau (Eger).
Mayer Wenzel, Prschestitz (Eger).
Melhardt Wilhelm, Libotz (Eger).

I. B. Classe.

Ortner Bruno, Admont, Steiermark.
Patzoll Ernst, Komotau.
Patzoll Friedrich, Komotau.
Pichler Emilian, Hayd.
Pilz Wolfgang, Falkenau.
Ploss Alfons, Rossbach (Eger).
Rappel Alexander, Eger.
Reichl Julius, Eger.
Reif Wilhelm, Elbogen (Eger).
Ries Karl, Eger.
Röhler Paul, Burgstädt, Sachsen (Eger).
Sabathil Friedrich, Sangerberg (Eger).
*Scherbaum Anton, Altkinsberg (Eger).
*Schidlo Leo, Milostin (Königsberg a. d. Eger).
Schmerler Wolf, Eger.
Schmid Karl, Eger.
Schmidt Lorenz, Kaaden.
Schuldes Heinrich, Budweis.
Schuster Anton, Halbgebäu.
Seyss Heinrich, Tepl (Eger).
Siber Josef, Zwodau (Eger).
Skala Johann, Eger.
Sorgner Edwin, Weiden, Bayern (Eger).
Steidl Josef, Altsattl.
Steiniger Otto, Eger.
*Stephani Franz, Brunn am Gebirge, Niederösterreich (Franzensbad).
*Steppan Thomas, Eger.
*Trötscher Wilhelm, Eger.
*Wagner Franz, Haslau.
Wessl Edgar, Franzensbad (Eger).
Wildner Johann, Eger.
Zuber Franz, Eger.

II. Classe.

*v. Avanzini Rudolf, Eger.
*Biedermann Anton, Haslau.
Braun Rudolf, Fleißen.
Burda Josef, Lobositz (Eger).
Fol Friedrich, Graville (Eger).
Grillmayer Georg, Eger.
Krämling Franz, Eger.
Lanna Friedrich, Saaz (Davidsthal).
Licha Otto, Hartenberg (Wallhof).
Linhart Karl, Franzensbad.
Lorenz Albert, Eger.
Pecher Johann, Eggenburg (Wien).
Peter Paul, Kaaden.
Putz Friedrich, Sangerberg (Eger).
*Seehann Emil, Eger.
Siegl Wenzel, Groß-Schüttüber.
Unger Bernhard, Chmet (Fichtenbach).
Watzka Camillo, Franzensbad.
Welzel Karl, Eger.
Wilhelm v. Helmfeld Arthur, Altenteich.
*Zaloudek Franz, Bolechau (Brtna).

XII. Kundmachung

für das Schuljahr 1900/1901.

Die Einschreibungen in die I. Classe finden am 14. und 16. Juli sowie auch am 17. und 18. September von 8—10 Uhr vormittags in der Directionskanzlei statt.

Jeder Aufnahmswerber für die I. Classe hat sich in Begleitung seines Vaters oder dessen Stellvertreters unter Vorlage des mit dem Stempel von 1 K versehenen Tauf- oder Geburtsscheines, des vorgeschriebenen Frequentationszeugnisses der Volksschule (nicht der Schulnachrichten) oder des letzten Zeugnisses der Bürgerschule bei der Direction anzumelden.

Zur Aufnahme in die I. Classe ist erforderlich:

1. Das vollendete oder im Jahre 1900 zur Vollendung gelangende 10. Lebensjahr.
2. Der Nachweis über den Besitz der entsprechenden Vorkenntnisse. Dieser Nachweis muss durch eine Aufnahmsprüfung erbracht werden, welche am Tage der Einschreibung um 10 Uhr vormittags beginnt und nachmittags um 3 Uhr fortgesetzt wird.

Bei dieser Prüfung werden folgende Forderungen gestellt:

a) Aus der Religionslehre: Jenes Maß von Wissen, welches in den ersten vier Jahrescursen der Volksschule erworben werden kann.
b) Aus der deutschen Sprache: Fertigkeit im Lesen und Schreiben, Kenntnis der Elemente aus der Formenlehre, Fertigkeit im Analysieren einfach bekleideter Sätze, Kenntnis der Regeln der Orthographie.
c) Aus dem Rechnen: Die vier Grundrechnungsarten in ganzen Zahlen. Eine Wiederholung der Aufnahmsprüfung ist weder an derselben noch auch an einer anderen Mittelschule zulässig.

Eine Prüfungstaxe für Aufnahmswerber für die I. Classe ist nicht zu entrichten.

Mit Beginn des Schuljahres 1900/1901 wird an der Anstalt die III. Classe eröffnet. Für jene Schüler, welche der Anstalt bereits im abgelaufenen Schuljahre angehörten, finden die Einschreibungen am 18. September um 2 Uhr nachmittags in ihren Classenzimmern statt. Die Einschreibung der Schüler, welche der Anstalt bisher nicht angehörten und in die II. oder III. Classe aufgenommen werden wollen, finden am 17. September von 7—8 Uhr in der Directionskanzlei statt.

Diese Schüler haben entweder ein mit der Abgangsclausel versehenes Zeugnis über die mit gutem Erfolge zurückgelegte vorangehende Classe einer öffentlichen Realschule beizubringen oder aber sich einer Aufnahmsprüfung zu unterziehen.

Schüler, welche aus der Volks- oder Bürgerschule in eine höhere als die I. Classe der Realschule aufgenommen werden wollen, müssen eine Aufnahmsprüfung aus sämmtlichen obligaten Lehrgegenständen ablegen. Das Ergebnis dieser Prüfung entscheidet, in welche Classe der Realschule der Schüler aufgenommen werden kann.

Für diese Prüfung, welche am 17. und 18. Sept. abgehalten wird, ist laut hoh. Minist.-Erl. v. 19. Mai 1870, Z. 3257 eine Taxe von 24 K im vorhinein zu entrichten.

Die Wiederholungs- und Nachtragsprüfungen werden am 18. September von 8 Uhr vormittags an vorgenommen.

In die Lehranstalt neueintretende Schüler haben eine Aufnahmstaxe von 4 K 20 h, sämmtliche Schüler aber einen Lehrmittelbeitrag von 2 K zu erlegen, welche Beträge nach thatsächlich erfolgter Aufnahme zu Beginn des Schuljahres eingehoben werden. Das Schulgeld beträgt 30 K per Semester, Befreiungen von demselben werden in allen berücksichtigungswerten Fällen gewährt.

Kosthäuser mit entsprechender Aufsicht können in der Directionskanzlei erfragt werden.

Das Schuljahr wird am 19. September mit einem Festgottesdienste eröffnet. Um 2 Uhr nachmittags findet die Verlesung der Disciplinarvorschriften und die Bekanntgabe des Stundenplanes statt.

Am 20. September beginnt der regelmäßige Unterricht.

Die Direction fühlt sich schließlich angenehm verpflichtet, allen jenen, welche die junge Anstalt in dem 1. Jahre ihres Bestehens werkthätig unterstützten, den tiefgefühltesten Dank mit der Bitte auszusprechen, dieses Wohlwollen auch fernerhin der Anstalt zu bewahren.

Eger, am 14. Juli 1900.

August Fieger,
Director.

CPSIA information can be obtained at www.ICGtesting.com
Printed in the USA
LVOW13s1834200714

395168LV00008BA/212/P